D1729490

Marianne Markert

Ich
helfe
mir
selbst!

Mit

Autogenem Training, Farben, Träumen,
Geschichten, Seelenbildern, Fantasiereisen,
Märchen, klugen Sprüchen, Wahrheiten,
Gedanken.......

Sephira -**Verlag**
1. Auflage 1999
Text: Marianne Markert
Alle Rechte vorbehalten.
Umschlaggestaltung: Bruno Morath

Auslieferung und Bestellung:
Marianne Markert
Am Haldenacker 12
78337 Öhningen
Tel. 07735/2724

Dieses Buch möchte ich vielen Menschen
widmen, aber besonders
meiner Familie,
allen meinen Freunden und meinen vielen
Kursteilnehmern, die mit geholfen haben, dieses
Buch zu schreiben.

INHALT

Ein Märchen:

Ein orientalisches Märchen erzählt von alten Göttern, die entscheiden sollten, wo sie die Kraft des Weltalls verstecken könnten. Das Versteck sollte so sicher sein, dass der Mensch die Kraft des Weltalls nicht finden und zerstörerisch verwenden könne.
Ein Gott sagte: „Lasst sie uns auf dem Gipfel des höchsten Berges verstecken." Aber sie entschieden, dass der Mensch schließlich den höchsten Berg ersteigen und die große Kraft finden würde.
Ein anderer Gott meinte: „Lasst uns diese Kraft auf dem Grund des Meeres verstecken." Wiederum entschieden sie, dass der Mensch schließlich auch die Tiefe der Meere erforschen würde."
Ein dritter Gott schlug vor: „Lasst uns die Kraft des Weltalls in die Mitte der Erde verstecken." Aber sie mutmaßten, daß der Mensch eines Tages auch diese Region erobern würde.
Schließlich sagte der weiseste Gott: „Ich weiß, was zu tun ist. Lasst uns die Kraft des Universums im Menschen selbst verstecken. Er wird niemals daran denken, dort danach zu suchen."
Nach diesem alten Märchen versteckten sie tatsächlich die Kraft des Universums im Menschen selbst, so tief in jedem Menschen.

Dieses Märchen entdeckte ich zufällig an einem schlechten Tag. Alles war schwierig, immer so viel Ärger,

immer war ich müde, ständiger Stress, oft Kopfschmerzen, schlechter Schlaf, unkonzentriert und immer die Schmerzen im Bauch. Die Ärzte suchten lange und mit viel Geduld meinen Schmerz - organisch gesund - psychisch krank - vegetative Dystonie - war die Diagnose. War ich reif für die Klapsmühle?
„Nein, nein, so schlimm ist es noch nicht, aber versuchen Sie Autogenes Training."

Das war vor vielen Jahren. Damals besuchte ich einen Kurs für Autogenes Training an der Volkshochschule. Schon nach ein paar Tagen intensivem Üben konnte ich schlafen und erwachte morgens voller Vitalität. Stress regte mich nicht mehr auf, sondern ich genoss den Trubel und das Leben um mich herum. Meine Schmerzen ließen immer mehr nach, ich fühlte mich wohl und gesund. Ich war begeistert und bin es immer noch. Das Autogene Training ist mein Weg geworden, eine Hilfe für meine Gesundheit, mein Leben und meinen Beruf. Ich unterrichte Autogenes Training an Volkshochschulen, Sanatorien, in der Industrie, in meiner Praxis und bilde Seminarleiter für Autogenes Training aus.

Aber zurück zu dem Märchen, die Kraft des Weltalls soll in jedem Menschen stecken, tief in jedem Menschen? Dieser Gedanke beschäftigte mich damals sehr lange. Gesundheit, Krankheit, Glück, Unglück, Zufriedenheit und Leid sind Zufall, vielleicht auch Schicksal. Das waren meine Gedanken damals und so fühlte ich mich auch: Ein Pingpong-Ball, der hin und her geschlagen wurde. Jedesmal, wenn ich mich glücklich und zufrieden fühlte, dachte ich, so könnte es jetzt bleiben. Aber schon kam wieder ein Schlag. Selbstverständlich waren immer die „Anderen" schuld.

Und dann dieser Satz, die Kraft des Weltalls soll in mir stecken?
Noch eine andere alte Lebensweisheit beschäftigte mich damals: "Jeder ist seines Glückes Schmied."

Mit der Zeit erkannte ich:

Ich bin der Anfang, ich bin der Weg, und ich bin das Ziel.
Ich denke, ich handle und ich gestalte mein Leben.

Diese Gedanken öffneten mir eine neue Welt und vielleicht lassen auch Sie sich bezaubern von einer neuen Welt, einer geheimnisvollen Welt in Ihnen, in Ihrem Inneren. Ich möchte Ihnen meinen Weg zeigen und vielleicht ist dies auch für Sie ein Anfang und eine Möglichkeit.

Autogenes Training ist ein Weg!

Probieren Sie es doch einfach einmal aus:

Legen Sie sich jetzt einmal so gemütlich und bequem auf Ihr Sofa oder in Ihr Bett, im Hintergrund darf leise Musik sein.
Sie liegen ruhig und entspannt, Sie lassen alle Gedanken vorbeiziehen, lassen auch den Krach mit Tante Minna und

*den Ärger über Onkel Otto vorbeiziehen. Sie konzentrieren
sich auf sich, um Sie herum wird es immer ruhiger und
ruhiger, Sie atmen so ruhig und entspannt und Sie werden
jetzt ruhig. Sie lassen die Geschichte, die am Anfang
dieses Buches stand, noch einmal in sich wirken.
Die Kraft des Universums soll im Menschen, in der Tiefe
eines Menschen sein? Auch in Ihnen?
Ein tiefer Seufzer tut jetzt bestimmt gut.*

*Aber hat es nicht schon öfter Situationen in Ihrem Leben
gegeben, in denen Sie „aus sich heraus gewachsen sind"?
Ist in uns doch mehr?*

*Sie atmen tief ein und entspannen sich. Sie lassen sich
einmal treiben, treiben einfach so dahin und Sie spüren,
wie Ihre Arme und Ihre Beine immer schwerer und
schwerer werden. Ihr ganzer Körper wird immer schwerer
und schwerer, als ob ein schweres Gewicht Ihre Arme und
Beine nach unten zieht, und Sie werden immer schwerer
und schwerer, bleischwer.
Sie liegen ruhig, Sie sind entspannt, und Sie fühlen in sich
Ruhe, Harmonie und Stille.*

*Langsam kommen Sie wieder zu sich, Sie recken sich und
strecken sich, atmen tief ein, damit Sie wieder fit werden,
stehen langsam auf, und schon sind wir beim 1. Kapitel.*

„Es gibt 7 Prinzipien der Wahrheit,
derjenige, der sie kennt,
mit vollem Verständnis,
besitzt den Schlüssel, bei dessen
Berührung alle Tore sich öffnen."
Kybalion

1. Kapitel:

Die Schwere des Autogenen Training.

Autogenes Training ist ein schwieriger Begriff. Manche
denken sofort an Autos, aber damit hat Autogenes
Training nichts zu tun. Es ist ein griechisches Wort, und
die deutsche Übersetzung heißt: Autos - selbst, genos -
üben, selbst üben.
Professor J. H. Schulz, der Urvater des Autogenen
Trainings, nannte das Autogene Training auch
„konzentrative Selbstentspannung". Durch die
Konzentration sich selbst entspannen, wollte Professor
Schulz für seine Patienten und für die Kursteilnehmer
seines Autogenen Trainings bewirken.

Ich nenne Autogenes Training einfach auch:

Ich will.
Ich will meinen Weg finden.

Ich will leben.
Ich will Mensch sein, ich will glücklich sein, ich will
meinen Lebenssinn finden, ich will meine Ziele
erreichen.

Das Autogene Training gibt mir die Möglichkeit, Herr
über meinen Körper zu werden. Der Körper ist nicht eine
Maschine, die irgendwie und hoffentlich immer
funktioniert, sondern ich möchte bestimmen, was mein
Körper zu tun hat.

„So wie ich denke, bin ich!"

Ein praktisches Beispiel hilft Ihnen bestimmt, dies besser
zu verstehen: Nehmen Sie sich ein Pendel. Es kann ein
Ring, ein Gewicht oder ein Löffel an einem 30 cm langen
Faden sein. Den Faden nehmen Sie zwischen Daumen und
Zeigefinger, legen den Unterarm auf den Oberschenkel,
schließen die Augen und konzentrieren sich auf die Kraft
Ihrer Gedanken. Vielleicht stellen Sie sich eine Schaukel
auf dem Spielplatz vor. Die Schaukel schwingt vor und
zurück, immer höher und höher, vor und zurück. Genauso
schwingt jetzt Ihr Pendel. Ihr Pendel schwingt vor und
zurück.
Jetzt stellen Sie sich eine Uhr mit einem großen Pendel
vor. Das Uhrenpendel schwingt links, rechts, links, rechts,
tick, tack, tick, tack. Auch Ihr Pendel schwingt jetzt links,
rechts, links, rechts.
Aber beachten Sie bitte, kein Finger und kein Muskel darf
sich bewegen. Nur Ihre Konzentration und Ihre
Gedankenkraft vollbringen jetzt dieses kleine Wunder. Als
nächstes probieren Sie, einen Kreis zu pendeln. Sie stellen

sich wieder irgend etwas vor, vielleicht einen kleinen roten Ball und stellen sich vor, Ihr Pendel umkreist jetzt diesen kleinen roten Ball. Ihr Pendel vollführt eine kreisende Bewegung. Der Kreis wird immer größer und größer. Und wenn Sie sich stark fühlen, stoppen Sie das Pendel mit ihrer Konzentration aus der kreisenden Bewegung und drehen es zur anderen Seite. Ganz konzentriert, und es klappt.

Jetzt haben Sie bestimmt eine Menge Fragen: "Wieso, warum, was geschieht da?"

Der Pendelversuch ist das Grundprinzip des Autogenen Trainings. Ich denke, und es geschieht etwas in meinem Körper.

Gedanken sind Kräfte, die Wirkung haben.

Wenn ich morgens schon als erstes denke:

„Ach, alles ist so schwer,
ich will nicht mehr,
ich habe keine Lust,
ich fühle mich so schlecht,
schon wieder aufstehen,
heute bekomme ich bestimmt Kopfschmerzen......."

Und den ganzen Tag:

„Ach herrje, es geht mir so schlecht,
Ach herrje, ich will nicht immer den gleichen Trott.
Den ganzen Tag arbeiten, der eklige Chef.........

14

Ich mag nicht ...."

Wie wird es mir den Tag über dann gehen? Besonders gut? Bestimmt nicht.

Stellen Sie sich einen anderen Menschen vor:
Der erste Gedanke morgens:

„Ich will leben!"
„Ich schaffe mein Leben!"
„Ich freue mich auf diesen Tag!"
„Ich bewältige meine Probleme!"
„Ich will glücklich sein, zufrieden sein!"
„Ich arbeite gerne."
„Ich will meine Ziele erreichen!"

Bei so viel Tatkraft wird man einfach mitgerissen.

Nicht als Pingpong-Ball durchs Leben geschlagen werden, sondern selbst die Richtung, die Ziele, bestimmen.

Die Kraft Ihrer Gedanken bewirkt in Ihrem Körper etwas. Als Einstieg, damit es leichter wird, üben Sie das schrittweise. Das Wichtigste beim Stress geplagten Menschen ist die Ruhe, die Entspannung und das Abschalten. Dazu brauchen wir wieder die Kraft der Gedanken:

Ich werde jetzt ruhig.
Ich werde jetzt immer ruhiger und ruhiger.
Ich bin jetzt ganz ruhig.

Das vertiefen Sie jetzt. Sie lassen Ihre Augenlider, Ihre Arme und Beine ganz bewusst schwer werden. Die Schwere bewirkt eine Muskel- und Nervenentspannung im Körper.

Wollen Sie es ausprobieren?

Sie legen sich wieder ganz ruhig hin. Alle Gedanken lassen Sie vorbeiziehen. Sie entspannen sich und erinnern sich an Ihren Pendel. Mit welcher Kraft haben Sie das Pendel bewegt und mit dieser Gedankenkraft sagen Sie jetzt zu sich:

Meine Augenlider werden jetzt schwer, immer schwerer und schwerer.
Ich spüre, wie meine Augenlider immer schwerer und schwerer werden. Ich gebe diesem Gefühl einfach einmal nach, schließe meine Augen und lasse meine Augenlider schwer werden.
Dann gehe ich weiter zu meinem linken Oberarm.
Mein linker Oberarm wird jetzt schwer, immer schwerer und schwerer.
Ich fühle die Schwere, es ist fast ein ziehendes Gefühl, als ob Gewichte den Arm nach unten ziehen.
Mein linker Oberarm wird schwer, immer schwerer und schwerer, bleischwer.
Ich gehe weiter, konzentriere mich auf den linken Unterarm und denke wieder:
Mein linker Unterarm wird jetzt schwer, immer schwerer und schwerer, so schwer, bleischwer. Und meine Hand wird auch schwer, immer schwerer und schwerer, so

16

schwer, so schwer, bleischwer. Mein linker Arm ist nun schwer.
Puh, das strengt ganz schön an! Ein kleiner Trost: Das ist nur bei den ersten Malen so. Dann wird es immer leichter.

Und weiter geht es.
Das Gleiche mit dem rechten Arm. Wieder mit der Kraft meiner Gedanken den Arm schwer werden lassen. Vielleicht denke ich an große Gewichte, die an meinem Arm hängen und ich sage mir wieder, mein Arm wird schwer, immer schwerer und schwerer.
Mein rechter Oberarm wird schwer, immer schwerer und schwerer, bleischwer. Und auch mein rechter Unterarm wird schwer, immer schwerer und schwerer, so schwer, bleischwer. Meine rechte Hand wird schwer, immer schwerer und schwerer, so schwer, bleischwer.

Ich lasse mich jetzt einfach einmal treiben und spüre, in meinen Armen jetzt vielleicht schon ein ganz anderes Gefühl. Vielleicht ein Ziehen und vielleicht auch schon Schwere.

Dann geht es weiter zu den Beinen. Zuerst das rechte Bein. Mein rechter Oberschenkel wird schwer, immer schwerer und schwerer, so schwer, immer schwerer und schwerer, bleischwer. Meine Wade wird schwer, immer schwerer und schwerer, so schwer. Mein Fuß wird schwer, so schwer, bleischwer. Mein rechtes Bein ist nun schwer.
Und weiter zum linken Bein. Mein linker Oberschenkel wird schwer, immer schwerer und schwerer, bleischwer. Meine linke Wade wird schwer, so schwer, immer

schwerer und schwerer, so schwer. Und mein linker Fuß.
Schwer wird der linke Fuß, so schwer, immer schwerer
und schwerer. Das ganze linke Bein ist nun schwer.
Arme und Beine sind jetzt schwer.
Ich fühle mich entspannt und ruhig, lasse mich treiben,
einfach treiben,
genieße die Ruhe in mir, diese tiefe Ruhe. Gedanken
kommen und gehen. Ich lasse meine Gedanken treiben,
lasse meine Gedanken ziehen. Ich gönne mir jetzt diese
Ruhe und genieße Ruhe.
Diese tiefe Ruhe! Und lassen mich treiben in eine kleine
Geschichte:

Sommer, Sonne, Licht................

Seit Tagen regnete es in Strömen und es war immer noch
kalt. Auf einem Stein am Ufer eines kleinen Tümpels saß
ein grüner Frosch und seufzte:
„Ach, wäre das schön!" Seit Wochen träumte er von
Sommer, Sonne, Licht.............
Seine besten Freundinnen waren die Enten und die hatten
eine tolle Idee.
„Wir kennen einen großen See. An dem See ist es schon
Sommer, da scheint die warme Sonne und das Licht dort
wird dich verzaubern."
„Ach, wäre das schön!" seufzte der kleine grüne Frosch
wieder. „Aber wie soll ich da hin kommen? Ich kann nicht
so weit hüpfen!"
Doch die Enten hatten schon eine Idee: „Wir haben hier
einen kleinen Stock, den halten wir an den Enden und du

18

hältst dich mit deinem Maul in der Mitte fest. Dann fliegen wir los. Aber du musst dich gut festhalten."
Der grüne Frosch überlegte. Es war riskant, aber seine Sehnsucht nach Sommer, Sonne und Licht war so groß, dass er zusagte.
Die Enten nahmen den Stock in ihrem Schnabel. Der Frosch hielt sich an ihm fest und der Flug begann. Zuerst über den Tümpel, dann immer höher und höher, über Wiesen und Bäume und jetzt flogen sie sogar über Öhningen. Die Menschen blieben auf der Straße stehen und schauten hinauf zu diesem seltsamen Flugkörper. Einige staunten, andere begannen zu grinsen und dann lauthals zu lachen. Dem Frosch wurde es unheimlich, lachten sie ihn an oder lachten sie ihn etwa aus? Er wurde so unsicher, dass er den Stock losließ und hinab zur Erde fiel. Zu seinem Glück landete er auf einem weichem Strohhaufen. Da lag er und was war aus seinem Traum von Sommer, Sonne, Licht geworden?
Er überlegte und beschloss:
Ich muss mir und meinen Träumen treu bleiben, selbst wenn alle mich auslachen oder anlachen..............

Ich lasse meine Gedanken treiben zu meinen Träumen, was mache ich aus meinen Träumen, bleibe ich meinen Träumen treu, auch wenn alle mich auslachen..........

Langsam komme ich wieder zum Ende dieser Übung. Die Schwere löse ich jetzt wieder auf, indem ich mir sage: Jetzt werde ich wieder leicht und locker, fühle mich erfrischt und munter, voll neuer Kraft und Energie............. Ich bin leicht und locker, voll neuer Kraft und Energie.......

*Ich recke und strecke mich, wie eine Katze, die lange und
tief geschlafen hat und ich beende meine Übung.
Ich atme tief durch, spüre und erlebe meinen Körper
erfrischt und munter.
Ich bin wieder im Hier und Jetzt, so erfrischt und
munter....................*

Das ist die Schwereübung.

Der Mensch hat dreierlei Wege, klug zu handeln:
1. Durch Nachdenken.
2. Durch Nachahmen.
3. Durch Erfahrung.
Konfuzius
(um 500 n. Chr.)

2. Kapitel:

Die Wärme des Autogenen Trainings.

Wie wichtig eine gleichmäßige Temperatur im Körper ist,
merken wir erst bei eiskalten Füßen oder hohem Fieber.
Die „Maschine Mensch" kommt durcheinander. Wir
fühlen uns nicht wohl, der Körper macht, was er will. Da
wollen wir wieder mit dem Autogenen Training einhaken
und die Temperatur im Körper beeinflussen. Sie können
eiskalte Füße und Hände wieder warm werden lassen, bei
einer beginnenden Erkältung sich wärmen und besonders
im Stress sich immer wieder erwärmen.

Probieren Sie es gleich einmal mit der Wärmeübung:
Sie beginnen wieder mit Ruhe und sagen sich:

Ich werde jetzt ruhig, immer ruhiger und ruhiger............

Gedanken ziehen vorbei, wie Wolken an einem blauen
Sommerhimmel.......
Ich werde nun ruhig, immer ruhiger und ruhiger
und ich konzentriere mich auf die Schwere.
Meine Augenlider werden schwer, mein linker Oberarm,
mein linker Unterarm, mein linke Hand werden schwer,
immer schwerer und schwerer..............
Mein rechter Oberarm, mein rechter Unterarm, meine
rechte Hand werden schwer, immer schwerer und
schwerer...................
Mein Nacken wird schwer, immer schwerer und schwerer,
mein Rücken wird schwer, immer schwerer und
schwerer.................
Ich lasse los, lasse mich treiben und treibe in eine
herrliche Ruhe und entspanne mich immer mehr und
mehr...............
Auch meine Beine werden jetzt schwer, immer schwerer
und schwerer. Mein rechter Oberschenkel, mein rechter
Unterschenkel, mein rechter Fuß wird immer schwerer
und schwerer................
Mein linker Oberschenkel, mein linker Unterschenkel,
mein linker Fuß, werden schwer, immer schwerer und
schwerer.
Ich treibe in diese herrliche Ruhe, werde immer ruhiger
und ruhiger. Ruhe durchströmt mich, Ruhe erfüllt
mich...................

Dann gehe ich weiter und konzentriere mich auf meinen
linken Oberarm, stelle mir vor, eine angenehme, wohlige
Wärme strömt in meinen Oberarm. Vielleicht denke ich an
die Wärme der Sonne, an einen warmen Ofen oder an ein
warmes Bad. Ich stelle mir diese Wärme vor und spüre die

Wärme in mir. Die Wärme durchströmt meinen linken Oberarm, mein linker Oberarm wird warm, immer wärmer und wärmer, eine wohlige Wärme in meinem Oberarm..............
Die Wärme strömt weiter in meinen Unterarm, mein Unterarm wird warm, immer wärmer und wärmer, die Wärme strömt weiter bis in meine Hand, bis in meine Fingerspitzen, alles wird warm, immer wärmer und wärmer. Es kribbelt und prickelt vielleicht zuerst, aber dann fühle ich die Wärme, eine wohlige Wärme in meinem linken Arm, so warm, wohlig warm.
Die Wärme strömt weiter zu meinem Nacken, mein Nacken wird warm, immer wärmer und wärmer, wohlige Wärme in meinem Nacken. Wohlig warm. Die Wärme breitet sich in meinem rechten Arm aus, in meinem rechten Oberarm. Mein rechter Oberarm wird warm, immer wärmer und wärmer, wohlig warm. Die Wärme strömt weiter in meinen Unterarm. Mein Unterarm wird immer wärmer und wärmer, eine wohlige Wärme, bis zu meiner Hand, bis in meine Fingerspitzen, eine angenehme, wohlige Wärme. Mein rechter Arm nun so wohlig warm..........

Die Wärme strömt weiter durch meinen Körper, und ich spüre, wie auch mein Rücken nun warm wird, immer wärmer und wärmer wird. Ein wohliges warmes Gefühl strömt meinen Rücken entlang. Immer wärmer und wärmer..............

Vielleicht spüre ich beim ersten Mal die Wärme noch etwas zaghaft. Aber ich denke an die Kraft der Gedanken und konzentriere mich auf Wärme..............

Ich stelle mir die Wärme der Sonne vor, ein warmer Ofen oder ein warmes Bad und spüre die Wärme eines Sommertages in mir..............

Die Wärme in mir, ich spüre diese Wärme in meinem rechten Bein, in meinem rechten Oberschenkel, wohlig warm, immer wärmer und wärmer, meine Wade wird warm, immer wärmer und wärmer. Mein Fuß wird warm, wohlig warm, eine angenehme, wohlige Wärme in meinem rechten Bein.

Die Wärme breitet sich in meinem linken Bein aus. Mein linker Oberschenkel wird immer wärmer und wärmer, meine linke Wade wird immer wärmer und wärmer, mein linker Fuß, warm, wohlige Wärme bis in die Zehenspitzen...................

Ich genieße dieses herrliche Gefühl. Ich bin ruhig, entspannt und ich treibe einfach so dahin und spüre die wohlige Wärme in mir.........

Ruhe in mir, eine tiefe Ruhe...............

Ich genieße Ruhe, Frieden und Harmonie in mir................
Und ich lasse mich treiben in meine Gedankenwelt:

ZUERST
WOLLTE ICH DAS LEBEN EROBERN:
ABER ES BESIEGTE MICH!

DANN VERSUCHTE ICH,
DAS LEBEN ZU ERGRÜNDEN,

ABER ICH VERLOR MICH IN SEINE
ENDLOSIGKEIT!

SCHLIESSLICH MEINTE ICH,
ICH MÜSSE DAS LEBEN SORGFÄLTIG EINTEILEN;
ABER ES ENTZOG SICH MIR!

DANN ENDLICH,
ZÖGERND UND UNBEHOLFEN,
VERSUCHTE ICH;
DAS LEBEN ZU LIEBEN,

DA UMARMTE ES MICH MIT ÜBERWÄLTIGENDER
FREUDE.

*Ich lasse mich treiben, Gedanken erfüllen und
durchströmen mich, mein Leben, was mache ich aus
meinem Leben................
Erobern?
Ergründen?
Einteilen?
Oder lieben?*

*Langsam komme ich wieder zurück, ich recke und strecke
mich, atme tief ein, meine Augenlider werden wieder
leicht und locker, meine Arme wieder leicht und locker,
meine Beine wieder leicht und locker, mein Nacken leicht
und locker, mein Rücken wieder leicht und locker............
Ich recke und strecke mich, wie eine Katze, die lange und
tief geschlafen hat und ich bin erfrischt und munter, voll
neuer Energie........*

25

Tief in mir bewahre ich mir diese Ruhe, diese Ruhe für morgen, für übermorgen, die nächsten Tage und wenn viel auf mich zukommt, dann denke ich an diese Ruhe und werde ruhig, so ruhig...................

Ich bin wieder im Hier und Jetzt..................
Ich fühle mich erfrischt und munter, voller Kraft und Energie...................

Vielleicht klappt es schon gut und sonst, bitte denken Sie an: Autogenes Training. Die Betonung liegt auf Training. Trainieren Sie bewusst und lassen Sie die Wärme in Ihrem Körper strömen. Eine kleine Eselsbrücke könnte eine Wärmflasche sein. Sie spüren und fühlen Wärme, und Sie können das Gefühl in Ihren Körper strömen lassen.

So, das war die Wärme.

Sie werden wahrscheinlich ein paar Tage brauchen, bis Sie so bewusst die Wärme strömen lassen können. Aber es klappt bestimmt, und dann geht es weiter zum nächsten Kapitel.

„Nichts ist in Ruhe,
alles bewegt sich, alles
ist in Schwingung."
   Kybalion

3. Kapitel:

Das Atmen.

Haben Sie schon einmal über das Atmen nachgedacht?
Die wichtigste Voraussetzung für lebendige Gesundheit ist
richtiges Atmen.
Falsches Atmen ist falsches Leben. Atmen und Leben
gehören untrennbar zusammen. Ohne Schlaf und Nahrung
lässt es sich eine Weile leben, aber ohne Atmen gibt es
keine Stoffwechselvorgänge und somit kein Leben.
Bewusste Atmung bedeutet Kraft und Energie. Atmen ist
auch ein Weg zur Vertiefung und zur Besinnung.

Vielleicht kennen Sie die Bauchatmung. Mit der
Bauchatmung nehmen wir viel mehr Sauerstoff auf. Herz
und Schilddrüse bleiben ruhig und die Bewegung findet
dort statt, wo wir sie alle dringend brauchen können: im
Unterbauch! Dort haben die meisten Menschen
Verstopfung und die tiefe Bauchatmung hilft hier.

Am Besten einfach einmal ausprobieren:

Sie legen sich ruhig hin und atmen tief ein. Der Bauch muss sich dabei weit ausdehnen. Sie werden merken, viel mehr Luft geht in Sie hinein. Dann wieder die Luft herauslassen und die Leere in sich spüren. Eine kleine Pause machen, und dann wieder tief einatmen, ganz tief. Der Bauch muss sich richtig wölben und dann können Sie mit Ihrer Übung beginnen.

Sie atmen tief ein, ganz tief, und stellen sich vor, viel Kraft und Energie strömt in Ihren Körper, und beim Ausatmen strömt alles Verbrauchte und alles Schlechte heraus ....

Pause.

Beim Einatmen atmen Sie alles Gute und Schöne in Ihren Körper hinein, und beim Ausatmen allen Ärger und Hass heraus ....

Pause.

Und nochmals alle Freude, alles Glück in Ihren Körper hineinatmen, und beim Ausatmen allen Neid und Ekel heraus .....

Pause.

Sie werden jetzt ruhig, immer ruhiger und ruhiger, Sie entspannen sich immer mehr und mehr. Ihr Atem wird jetzt immer ruhiger und gleichmäßiger. Ihr Atem geht immer leichter und leichter. Ihr Atem fließt. Sie atmen, und Sie lassen sich treiben, treiben, treiben ....
und sagen zu sich:

Meine Augenlider werden schwer, immer schwerer und
schwerer...........
Meine Arme und Beine werden schwer...........
Mein ganzer Körper wird schwer.......................
Ich lasse mich treiben, immer tiefer und tiefer in diese
wunderbare Entspannung und in eine herrliche
Ruhe...................
Ich spüre Harmonie in mir, Frieden und Stille................
Meine Arme und Beine werden jetzt warm, immer wärmer
und wärmer..............
Wohlige Wärme durchströmt meinen Körper.......
Wohlige, warme Wellen durchfluten meinen
Körper..............
Ich fühle mich wohl und ich treibe, treibe, treibe..............
· Auch meine Gedanken treiben...............

Der Sinn des Lebens ist das Leben selbst,
jede Stunde voll und ganz gelebt.

Erinnerungen gehen und kommen wieder.
Hoffnungen vergehen und kommen wieder.
Die Zeit vergeht und kommt nie wieder.
Dieser Augenblick vergeht und kommt nie wieder.

Darum:
Heute leben, heute, hier und jetzt.
Jede Stunde des Lebens voll und ganz gelebt. Das ist der
Sinn des Lebens.

Ich lasse mich treiben in meine Gedankenwelt.
Lebe ich heute?
Hier?

29

Jetzt?

Irgendwann komme ich zum Ende dieser Übung. Meine Arme und Beine werden wieder leicht und locker. Ich recke und strecke mich, atme tief in den Bauch ein und bin erfrischt und munter, voller Kraft und Energie.   '

Die Länge Ihrer Übung ist nicht wichtig. Manchmal kann eine Übung sehr kurz sein, nur ein paar Sekunden. Vielleicht sogar an einer roten Ampel ausprobieren. Statt sich über die rote Ampel aufzuregen, einfach sich auf das Autogene Training konzentrieren und sich sagen: „Ich werde jetzt ruhig, immer ruhiger und ruhiger." Besonders in allen Stresssituationen, bei Ärger, bei Aufregungen, bei Streit oder im Verkehrsstau sich immer wieder an das Autogene Training erinnern. „Ich werde immer ruhiger und ruhiger. Immer ruhiger und ruhiger." Falls Ihr Hintermann laut hupt, sind Sie vielleicht eingeschlafen.

So, eine kleine Pause haben Sie sich verdient. Spüren Sie schon die Wirkung des Autogenen Trainings? Sind Sie jetzt schon öfters ruhiger und gelassener in Stress-situationen? Fühlen Sie sich schon besser? Ich hoffe, dass jetzt ein überzeugtes „ja" Ihre Antwort ist. Wenn es ein klägliches „hm" ist, muss ich Sie leider noch einmal auf das Training hinweisen. Üben! Mehrmals am Tag üben, bringt innerhalb von Tagen schon erstaunliche Erfolge. Wie lange und wo Sie üben, müssen Sie selbst ausprobieren. Manche Menschen nehmen sich für das AT sehr viel Zeit, manche haben nur sehr wenig Zeit.

Eigentlich ist es nur wichtig, immer wieder dem Körper diese neuen Befehle zu geben, bis er sie nach voll zieht. Warum? Der Körper hat sich mit der Zeit bestimmte Untugenden angewöhnt, z.b. immer wenn es Ärger gibt, bekomme ich meine Bauchschmerzen oder immer wenn meine Schwiegermutter zu Besuch kommt, bekomme ich eine Gallenkolik.

Mit dem Autogene Training lösen wir diese festgefahrenen Programme auf und das neue Programm wird dem Körper so lange „eingeredet", bis er sich danach richtet:

„Ich bin in jeder Situation ruhig und entspannt!"

„Die Krankheit geht,
wenn sie ihren Zweck erfüllt hat."
Paracelsus

4. Kapitel:

Psychische Erkrankungen.

Ein sehr alter Spruch, der seine Wahrheit bis heute nicht
verloren hat. Der heutige Mensch muss mit vielen Problemen, Ängsten,
Ärgernissen und Konflikten fertig werden. Schuldgefühle,
dauernde Kränkungen, Verzicht, Verlust und Versagen
können einen Menschen sehr belasten. Es fällt oft schwer,
damit fertig zu werden. Manchmal findet sich niemand,
mit dem man reden kann. Oft hören die Mitmenschen auch
nicht zu. Es staut sich alles, die Bombe tickt und das
Druckventil ist der Körper. Die Krankheit bietet die
Möglichkeit, alles herauszuschreien. Im Krankenhaus, in
der Besuchsstunde, da darf man endlich jammern und
stöhnen. Hoffentlich! Hoffentlich sagt nicht wieder
jemand: „Sei ruhig, ich habe genug eigene Sorgen!"
Unsere Mitmenschen sind hart geworden. Selbst in der
Familie rangiert Gleichgültigkeit an erster Stelle.
Vielleicht öfter einmal zuhören. Auch alte Kamellen
müssen heraus. Und bitte keine blah-blah-Antworten. „So
ist das Leben, nimm`s leicht!" Das ist keine Hilfe.

Ungefähr 60 % aller Erkrankungen sind psychischer Ursache.
Vielleicht kennen Sie das: Die Ursachen Ihrer Beschwerden wurden gesucht und verschiedene Ärzte gaben sich viel Mühe etwas zu finden. Bei der Diagnose heißt es dann oft: Alles in Ordnung, aber vielleicht sind Ihre Beschwerden psychischer Art. Auch der Begriff „vegetative Dystonie" ist dann eine oft gestellte Diagnose.

Was bedeutet das? Psychische Ursache! Vegetative Dystonie!

Mein Erklärungsmodell ist folgendes:
Der Mensch besteht aus drei großen Kraftfeldern: Dem Geist, dem Körper und der Seele.

Was denken Sie, in welchem dieser drei Kraftfelder liegt die meiste Kraft eines Menschen?
Im Körper - in der Seele - im Geist?

Nehmen wir an, Sie hätten 100 % und müssten diese Kraft aufteilen.
Wie würden Sie entscheiden?

Eine kleine Hilfe:
Wie lange können wir konzentriert ein schweres Buch lesen, ohne aufzublicken und ohne schnell ein Stückchen Schokolade in den Mund zu stecken? Vielleicht schaffen es einige Leseratten 30 Minuten, vielleicht auch 40 Minuten, die meisten Menschen können sich ungefähr 20 Minuten konzentrieren. Der Geist des Menschen hat nur

einen sehr kleinen Anteil an dem Kraftpotential Mensch =
4 %.

Wie lange kann ein Mensch körperlich aktiv sein,
vielleicht wandern, Ski fahren oder Tennis spielen?
Stundenlang, aber irgendwann wird jeder müde und
hungrig. Der Körper des Menschen besitzt 12 % des
Kraftpotentials.

Wie lange können wir lieben? Wie lange können wir
hassen? Jahre, Jahrzehnte, ein Leben lang? In der Seele
liegen die Kräfte des Menschen, sie machen 84 % des
Kraftpotentials aus. In der Seele liegt unsere große Kraft.

Es gibt Kräfte, die machen mich stark und geben mir
Energie für den ganzen Tag. Das sind besonders:

Geborgenheit
Sicherheit
Liebe
Achtung
Bestätigung
Anerkennung
Freiheit
Freude

Dann gibt es aber auch Kräfte, die mich schwächen:

Schuldgefühle
Verlust
Jahrelange Kränkung
Angst

Ärger
Neid
Hass
Eifersucht

Wie kommt es nun zu psychischen Erkrankungen?
Manche Menschen erleben viel Negatives in ihrem Leben.
Aber diese Menschen schütteln sich und schon ist vieles
vergessen. Für andere Menschen wird der Tag durch diese
negativen Gedanken bestimmt. Schon morgens beim
Aufwachen haben diese Menschen negative Gedanken,
und den ganzen Tag lang immer wieder schimpfen und
grübeln. Tagelang und wochenlang empfundene negative
Gedanken machen krank. Die Krankheit ist das Ventil.
Das so angesammelte seelische Leid kann heraus:
Schmerzen, Fieber, Unwohlsein, Husten, Schnupfen,
Eiterpusteln .....

Wie innen, so außen.
Wie außen, so innen.
Wie oben, so unten.
Wie unten, so oben.
Kybalion

Der Mensch ist krank, alles ist zu viel, er braucht Bettruhe,
Erholung, Fürsorge, Geborgenheit, Liebe und viel heißen
Tee.

Puh, ein bisschen schwierig? Aber vielleicht denken Sie
immer wieder einmal darüber nach. Was passierte, bevor
Sie krank wurden? Haben Sie sich geärgert oder fühlten
Sie sich allein gelassen? War einfach zu viel los, immer
dieser Stress, diese Aufregungen?

Die Krankheit zwingt uns zum Loslassen. Bei Fieber muss ein Mensch ins Bett und bekommt die Ruhe, nach der er sich vielleicht schon lange gesehnt hat.

Damit es gar nicht so weit kommt, eine Übung zur Entspannung:

Ich liege ruhig und entspannt, werde immer ruhiger und ruhiger..............
Ich konzentriere mich auf das Atmen, atme tief in meinen Bauch, nehme viel Kraft und Energie in meinen Körper auf..............
Alles Verbrauchte und Schlechte lasse ich mit der Ausatmung aus meinen Körper.................
Meine Augenlider, meine Arme und Beine, mein Nacken und mein Rücken werden immer schwerer und schwerer. Ich lasse mich treiben, einfach treiben, treiben............
Mein Körper wird warm, meine Arme und Beine werden warm, immer wärmer und wärmer, auch meine Füße bis in die Zehenspitzen werden warm, immer wärmer und wärmer.................
Wohlige Wärme durchströmt mich.........

Ich bin ruhig und entspannt, ich treibe, und ich stelle mir in meiner Phantasie vor, ich stehe am Strand.........

Vor mir liegt das Meer in seiner unendlichen Weite. Wellen kommen und gehen. Es ist ein ständiges Auf und Ab, Hin und Her, der Rhythmus des Lebens. Auf und Ab.

Meine Gedanken treiben:
Leben und Sterben.

Geben und Nehmen.
Achten und Geachtet werden.
Gelten und Gelten lassen.
Bestätigen und Bestätigt werden.
Beglücken und Beglückt werden.
Ernst nehmen und Ernst genommen werden.
Befriedigen und Befriedigt werden.
Schenken und Beschenkt werden.
Lieben und Geliebt werden.

Der Rhythmus des Lebens und der Mensch mitten drinnen.
Auf und ab, hin und her.

Meine Gedanken treiben und mein Leben............
Was erwarte ich vom Leben?
Für mich immer nur Sonne, Glück und Freude...........
Gehört nicht alle zum Leben?
Und ich lasse mich treiben in eine kleine Geschichte:

Ein besonderes Geschenk.

Schon lange lag das kleine Mädchen wach in ihrem Bett.
Immer wieder berührte sie den Stein. Es soll ein ganz
besonderer Stein sein, hatte ihre Oma gesagt und ihr
diesen Stein geschenkt. Der Stein ist klar und in vielen
Facetten geschliffen. Das kleine Mädchen muss den Stein
immer wieder anschauen.
Da fällt das Licht der Nachtischlampe auf den Stein, das
Licht wird gespiegelt und an der Wand entstehen Flecken.
Das kleine Mädchen dreht den Stein hin und her und
immer wieder entstehen neue Flecken. Aus den Flecken

werden Muster, Formen und Bilder. Oh, da entsteht ein
Bild, ein ganz besonders schönes Bild. Eine große Familie
feiert ein Fest. Es wird gelacht und getanzt. Alle sind
fröhlich und lachen.
Aber schon ist das Bild wieder verschwunden und ein
neues Bild entsteht. Da ist auch die Familie, aber alle
haben ernste Gesichter und sehen fast traurig aus.
Schnell dreht das kleine Mädchen den Stein wieder und da
sind wieder die lachenden Gesichter.
Jetzt entsteht schon wieder ein neues Bild. Es ist ein
kugelrundes Baby, das lacht und sich freut. Das Bild
verschwimmt und es entsteht ein Bild von einem alten
Mann mit vielen Falten und Runzeln.
Jetzt kommen immer mehr Bilder. Da eine Sonne und ein
Mond, da ein Dorf und eine große Stadt und da ein Bild
von einem gesunden Kätzchen und da ein kranker Hund.
Da die Berge und da das Meer. Da Frieden und da Krieg.
Da Armut und da Reichtum. Da ein aufgeblasener
Angeber und da eine gute Freundin. Da Lüge und da
Wahrheit. Da die Liebe und da der Hass. Da Reichtum und
da Armut. Da der Großmut und da der Neid.
So viele Bilder, das kleine Mädchen schaut sie sich alle
an.
Die schöne Bilder gefallen ihr, aber die anderen Bilder?
Besonders die Bilder von armen Menschen, die hungern
und frieren!
Aber diese Bilder gibt es auch.
Alles gehört zum Leben.
Ja, denkt das kleine Mädchen, alles gehört zum Leben.
Alles gehört zum Leben.
Und was mache ich daraus.
Schaue ich weg oder was mache ich daraus?

Das kleine Mädchen dreht den Stein hin und her. Bilder entstehen und vergehen.
Alles gehört zum Leben und was mache ich daraus................

Ich lasse meine Gedanken treiben..........
Was mache ich mit Bildern in meinem Leben?

Irgendwann komme ich zum Ende dieser Übung. Meine Augenlider, meine Arme, meine Beine, mein Nacken, mein Rücken werden wieder leicht, immer leichter und leichter, so leicht und locker. Ich recke mich, ich strecke mich, ich atme tief in meinen Bauch, ich bin voll neuer Kraft und Energie, ich bin erfrischt und munter.

„Es gibt viele Wege,
  finde Deinen eigenen Weg."
  Marianne Markert

5. Kapitel:

Vor Angst in die Hose machen.

Kennen Sie das: Lampenfieber, Examensangst,
Magengeschwüre, Gallenkolik, nervöser Magen,
Sodbrennen, Durchfall, vegetative Dystonie, Störungen in
den Geschlechtsorganen, ...
Das sind viele Beschwerden und alle haben eine Ursache:
Angst.
Wie entsteht diese Angst?
Hinter unserem Magen liegt ein Nervengeflecht, das
Sonnengeflecht, Solarplexus oder auch Gehirn des
Bauches genannt wird. Dieses Nervengeflecht sieht fast
wie ein Spinnennetz aus und es besteht aus den gleichen
grauen Zellen wie unser Gehirn. Mit den grauen Zellen im
Gehirn können wir denken. Mit diesem Sonnengeflecht
können wir auch denken und hier empfinden wir die
Angst.

Vielleicht ist es die Angst vor dem Chef.
Oder vor der Prüfung.
Oder Angst im Verkehr.
Angst vor der Nacht.
Angst vor dem Alleinsein.

Angst vor Krebs.
Angst vor schweren Krankheiten.
Angst vor der Zukunft.

Jedesmal, wenn ein Mensch Angst empfindet, zieht sich
das Sonnengeflecht zusammen und verkrampft sich.
Dieses Verkrampfen breitet sich auf alle Organe im
Bauchraum aus. Magen, Darm, Galle, Leber, Niere und
die Geschlechtsorgane reagieren ebenso auf dieses
Verkrampfen. Das kann so stark werden, dass der
Ausspruch: "Vor Angst in die Hose machen" tatsächlich
passiert.

Sobald die Prüfungen oder die Angstsituationen vorbei
sind, entspannt sich das Sonnengeflecht wieder. Alle
Organe können wieder normal arbeiten. Der Mensch ist
wieder entspannt, er erholt sich und fühlt sich wieder
wohl.
Viele Menschen haben immer Angst. Eine der besten
Hilfen bei Angst ist das Autogene Training, denn mit der
Sonnengeflechtsübung kann sich jeder Mensch selber
helfen. Mit dieser Übung entspannt sich das
Sonnengeflecht. Dadurch können sich alle Organe im
Bauchraum können sich wieder beruhigen und normal
arbeiten. Das Sonnengeflecht wird in der Übung warm,
immer wärmer und wärmer und mit dieser Wärme lösen
sich alle Verspannungen.

Das wollen Sie jetzt bestimmt gleich einmal üben und es
geht weiter zur Sonnengeflechtsübung.
Sie liegen ruhig und beginnen:

Ich werde nun ruhig, stelle mir vor, aller Stress fällt von mir ab, ich werde immer ruhiger und ruhiger und lasse mich treiben...............

Ich atme nun tief und bewusst in meinen Bauch ein und spüre, mit jedem Atemzug werde ich ruhiger und ruhiger. Meine Augenlider werden nun schwer, meine Arme und Beine werden schwer, immer schwerer und schwerer. Mein Nacken und mein Rücken werden immer schwerer und schwerer, so schwer...............

Ich löse mich einfach einmal von allem und lasse mich treiben, treiben in diese herrliche Ruhe. Ich werde immer ruhiger und ruhiger....

Nun wird mein Körper warm. Meine Arme und Beine, mein Nacken und mein Rücken werden warm, immer wärmer und wärmer, eine angenehme, strömende Wärme durchflutet meinen Körper..............

Ich fühle mich wohl.........

In mir ist nun Stille und Harmonie....................

Nun lege ich meine warmen Hände auf meinen Bauch, ungefähr eine Handbreit oberhalb meines Bauchnabels, und ich spüre die Wärme meiner Hände...................

Die Wärme meiner Hände strömt zu meinem Sonnengeflecht. Ich stelle mir nun bildlich mein Sonnengeflecht vor, hinter meinem Magen liegt es wie ein Spinnennetz. Nun stellen ich mir vor, es ist vielleicht noch völlig verspannt, verkrampft und mit dicken Knoten........

Aber jetzt stelle ich mir vor, ich sprenge die Knoten, löse alles Verkrampfte und mein Sonnengeflecht kann sich entspannen und lockern.....................

*Mein Sonnengeflecht wird nun immer lockerer und
lockerer und dann denke ich an die Sonne und an die
Wärme der Sonne........*
*Ich lasse in mir die Sonne aufgehen und die Sonne in mir
wird warm, immer wärmer und wärmer, und ich spüre,
wie mein Sonnengeflecht immer wärmer und wärmer
wird..............*
*Eine wohlige Wärme durchströmt mein
Sonnengeflecht.........*
*Und diese Wärme breitet sich in meinem ganzen Bauch
aus. Mein Bauch wird warm, immer wärmer und
wärmer.............*

*Ich lasse mich treiben, spüre Ruhe und Entspannung in
mir............*

Ich lasse mich treiben in eine kleine Geschichte:

Eine alte weise Frau.

Eine alte weise Frau wurde einmal gefragt, warum sie
trotz ihrer vielen Beschäftigungen so ruhig und gesammelt
sein kann. Ihre Antwort war:

„Wenn ich stehe, stehe ich!
Wenn ich gehe, gehe ich!
Wenn ich liebe, liebe ich!
Wenn ich mich freue, freue ich mich!"
Da fielen ihr die Fragesteller ins Wort und sagten:

„Das tun wir doch auch."

Sie aber erwiderte:

„Nein, das tut ihr nicht.
Wenn ihr steht, dann geht ihr schon wieder.
Wenn ihr geht, dann wollt ihr schon am Ziel sein.
Wenn ihr liebt, dann wollt ihr schon besitzen.
Wenn ihr euch freut, dann wollt ihr schon wieder leiden.

Lebt heute, lebt heute hier und jetzt, lebt den Augenblick,
freut euch an den schönen Dingen des Lebens, genießt
euer Glück, seht auch im Leiden einen Sinn."

Wenn ich stehe, stehe ich.
Wenn ich gehe, gehe ich.
Wenn ich liebe, liebe ich.
Wenn ich mich freue, freue ich mich.

Meine Gedanken treiben und ich? Will ich alles
gleichzeitig machen und will schon am Ziel sein, wenn ich
beginne?

*Irgendwann komme ich zum Ende meiner Übung. Ich
spüre, wie meine Augenlider, meine Arme und Beine, mein
Nacken und mein Rücken immer leichter und leichter
werden. Ich atme tief ein, spüre neue Kraft und Energie in
mir, spüre neue Lebenskraft in mir und ich bin erfrischt
und munter, voll neuer Kraft und Energie...........*

„Wir bewundern die Einfälle des
Verstandes - warum übersehen
wir dabei die Einfälle des Herzens?"
Heinrich Seidel

6. Kapitel:

Das Herz.

Das Herz steht für Leben. Das Gegenteil von Leben ist der
Tod und die Angst vor dem Tod heißt auch Angst vor dem
Leben. Wir sterben jeden Tag einen kleinen Tod, und zwar
abends, wenn wir einschlafen wollen. Manche kämpfen
heroisch mit dem Tod und bleiben schlaflos die ganze
Nacht. Wieso diese Angst vor dem Tod und vor dem
Sterben?
Der Tod ist eines der größten Tabus unserer Kultur. Wir
schrecken davor zurück, uns mit dem Sterben
auseinanderzusetzen. Aber das, was ganz bestimmt für
jeden Menschen in seinem Leben auf ihn zukommt, ist der
Tod. Und alle Gefühle, die ständig verdrängt werden,
gewinnen eine immer größere Macht über den Menschen.

Es gibt einen Spruch aus der Bibel: Abraham starb, voll
satt vom Leben. Alle Wünsche wurden erlebt, er war
zufrieden und starb in Ruhe.

In jedem Lebensabschnitt müssen Wünsche und
Bedürfnisse erlebt werden, um dann die nächste

45

Entwicklungsphase zu erreichen. Der Fahrplan des
Lebens:

Der Säugling braucht Liebe und Geborgenheit. Der junge
Mensch will leben, will geben, will lieben, will entdecken.
Er denkt an das Morgen. Der erwachsene Mensch hat
seine Familie, seine Kinder, seinen Beruf. Der alte
Mensch braucht die Erinnerung, das Nachdenken, das
Besinnen und das Gestern.

Und wenn das alles erlebt wurde, dann ist der Tod kein
Schrecken mehr für uns. Abraham starb voll satt vom
Leben.

Sie liegen ruhig und entspannt, alles um Sie herum wird
immer ruhiger und ruhiger. Nichts stört Sie jetzt. Sie
konzentrieren sich nur auf sich. Nur Sie sind jetzt wichtig,
Sie hören in sich hinein und sagen zu sich:

*Ich nehme mir jetzt einfach einmal viel Zeit für mich, atme
bewusst in meinen Bauch und spüre, wie ich mit jedem
Atemzug ruhig werde, immer ruhiger und ruhiger
werde........*
*Alle Spannungen, aller Stress und aller Ärger fallen von
mir ab, ich werde nun immer ruhiger und ruhiger, alles in
mir wird ruhig, Ruhe durchströmt mich........*
*Meine Augenlider werden schwer, meine Arme und meine
Beine schwer, mein Nacken und mein Rücken schwer,
immer schwerer und schwerer.............*

Ich entspanne mich immer mehr und mehr, ich lasse mich treiben und werde ruhig, immer ruhiger und ruhiger.....................
Dann spüre ich wohlige Wärme in meinem Körper, meine Arme und Beine werden warm, wohlig warm, mein Sonnengeflecht wird warm, immer wärmer und wärmer, wohlig warm, mein Körper wird warm, immer wärmer und wärmer, wohlige Wärme in mir...............
Nun lege ich meine rechte Hand auf mein Herz, fühle meinen Herzschlag und spüre mich in meinen Herzrhythmus hinein.

Mein Herz schlägt:
*   ruhig, gleichmäßig, harmonisch und kräftig,*
*   ruhig, gleichmäßig, harmonisch und kräftig,*
*   ruhig, gleichmäßig, harmonisch und kräftig.*

Ich liege ruhig, bin entspannt, in mir breitet sich Ruhe und Stille aus, ich spüre in mir Harmonie und Frieden und ich lasse mich treiben, einfach treiben in meine Gedankenwelt:

Heute leben.

Ich lebe nur einen Tag: Heute.
Um wirklich zu leben, muss ich heute leben.
Das Leben ist kurz und geht schnell vorbei.
Wenn ich heute nicht lebe, habe ich den Tag verloren.
Ich verdüstere meinen Geist nicht mit Angst und Sorgen von morgen.

Ich beschwere mein Herz nicht mit dem ganzen Elend von gestern.

Heute leben.

An das Gute von gestern denke ich gerne. Ich träume auch von schönen Dingen, die morgen kommen mögen. Aber ich verliere mich nicht in das Gestern oder in das Morgen.

Heute leben.

Meine Gedanken treiben.............
Lebe ich heute? Oder lebe ich im Gestern oder Morgen?

Irgendwann komme ich zurück ins Hier und Jetzt. Meine Augenlider, meine Arme, meine Beine, mein Nacken, mein Rücken und mein ganzer Körper werden wieder leicht und locker. Ich fühle mich erfrischt und munter, ich spüre neue Kraft und Energie in mir und ich bin wieder ganz im Hier und Jetzt..........

Vielleicht möchten Sie sich noch ein bisschen treiben lassen, hier habe ich noch eine Geschichte für Sie:

Das Zaubersenfkorn

Eine alte chinesische Legende erzählt von einer Frau, deren Sohn starb. In ihrem Kummer ging sie zu einem heiligen Mann und fragte ihn:

„Welche Gebete und Beschwörungen kennst du, um meinen Sohn wieder zum Leben zu erwecken?"
Er antwortete ihr: „Bringe mir einen Senfsamen aus einem Haus, das niemals Leid kennengelernt hat. Damit werden wir den Kummer aus deinem Leben vertreiben."
Die Frau begab sich auf die Suche nach diesem besonderen Senfsamen. Auf ihrem Weg kam sie bald zu einem prächtigen Haus, sie klopfte an und fragte: „Ich suche ein Haus, das niemals Leid erfahren hat. Ist dies der richtige Ort? Es wäre wichtig für mich."
Die Bewohner antworteten ihr: „Da bist du an den falschen Ort gekommen," und sie erzählten von all dem Unglück, das sich bei ihnen ereignet hatte.

Die Frau dachte bei sich, wer kann diesen armen und unglücklichen Menschen wohl besser helfen, als ich, die selber so tief im Unglück ist? Sie blieb und tröstet die Menschen.
Später, als sie meinte, genug Trost gespendet zu haben, brach sie wieder auf und suchte auf ein neues ein Haus ohne Leid Aber wohin sie sich auch wandte, nirgends fand sie ein Haus ohne Leid.
Schließlich beschäftigte sie sich ausschließlich mit dem Leid anderer Leute. Dabei vergaß sie ganz die Suche nach dem Zaubersenfkorn, ohne daß ihr das bewusst wurde.
So verbannte sie mit der Zeit den Schmerz aus ihrem Leben.

„Der Körper ernährt sich von
den Worten des Menschen."
(Alte chinesische Weisheit)

7. Kapitel:

Die Merksätze.

Autogenes Training ist eine Sprache, in der ich mich mit
meinem Körper verständigen kann. Unser Körper reagiert
sehr stark auf Worte, Merksätzen und Gedanken.
Vielleicht erinnern Sie sich. Gedanken sind Kräfte, die
Wirkung haben. Suchen Sie sich für Ihre Probleme und
körperlichen Beschwerden ein Merksatz aus.
Diese Merksätze sind schon sehr alt. Schon Ende des 18.
Jahrhunderts entdeckte der französische Apotheker Emil
Cou`e, dass Arzneien, die er seinen Patienten mit
aufbauenden Worten mitgab, eine gute Heilung
versprachen.
Einer seiner wirkungsvollsten Merksätze war:

**Es geht mir von Tag zu Tag
in jeder Hinsicht
immer besser und besser!**

Auch für unsere heutige Zeit ist dies ein Merksatz, der
hilft.

Hier einige Möglichkeiten von Merksätzen:

Ich bleibe in jeder Situation ruhig und gelassen.
Ich schaffe mein Leben.
Ich bewältige meine Probleme.
Ich sehe das Gute und Schöne in meinem Leben.
Ich genieße mein Leben.
Ich fühle mich wohl.
Ich finde mein Glück.
Ich bin zufrieden.
Ich erreiche meine Ziele.
Ich lebe mein Leben.
Ich liebe mich.
Ich gehe meinen Weg.

Für Herzbeschwerden:
Mein Herz schlägt ruhig, gleichmäßig, harmonisch und
kräftig.

Für Magenbeschwerden:
Mein Sonnengeflecht ist wohlig warm und diese wohlige
Wärme strömt zu meinem Magen.

Für Schlafstörungen:
Ich schlafe abends leicht ein,
schlafe tief und fest die ganze Nacht
und erwache morgens erfrischt und erholt.

Bei Angst und Lampenfieber:
Ich bin vollkommen ruhig. Ich schaffe das.
Ich hab die Kraft,
die alles schafft.

Zum Abgewöhnen des Rauchens:
Ich atme bewusst frische Luft in mich hinein.
Ich lebe bewusst.
Ich befreie mich.

Zur Gewichtsreduzierung:
Ich esse bewusst kleine Mahlzeiten und werde schlank.

Vielleicht haben Sie schon einen Merksatz für sich
gefunden. Wenn nicht, suchen Sie sich selber einen Satz.
Aber bedenken Sie die Regeln für Merksätze:

1. Merksätze müssen immer positiv sein.
Unser Bewusstsein unterscheidet nicht zwischen positiv
und negativ.
Ein Beispiel: Denken Sie jetzt nicht an eine Zitrone,
stellen Sie sich jetzt bloß keine Zitrone vor und auch nicht
daran denken, dass Zitronensaft sauer sein könnte.
Was spüren Sie? Das Wasser läuft Ihnen in Ihrem Mund
zusammen.
Unser Bewusstsein nimmt negative Sätze nicht an.

2. Merksätze sollten immer kurz sein.
Manchmal kann auch ein Reim helfen.

Ein Beispiel:
Ich bin in allen Lagen,
gelassen, sicher, frei,
was andere von mir sagen,
das ist mir einerlei.

3. Merksätze sollten individuell sein.

Wenn Sie Dialekt sprechen, müssen die Merksätze in Ihrer Sprache sein.

4. Merksätze als Bild.

Merksätze, die Sie sich als Bild vorstellen, haben eine noch größere Wirkung.
Die Chinesen haben ein Sprichwort:

„Ein Bild sagt mehr als tausend Worte."

Wenn ich ein Bild in mir habe, vielleicht von Zufriedenheit, Gesundheit und Wohlstand, dann hat dieses Bild auch Wirkung.

Wenn Sie einen passenden Merksatz für sich gefunden haben, dann sprechen und denken Sie diesen Merksatz immer wieder in den Übungen des Autogenen Trainings. Auch tagsüber immer wieder diesen Merksatz denken, sprechen oder sich als Bild vorstellen. Sie werden innerhalb von Tagen schon die Wirkung spüren.

Eine Besonderheit des Autogenen Trainings ist das Programmieren. Ich kann Merksätze verinnerlichen und mein Körper reagiert.
Am Besten einfach einmal ausprobieren!

Eine kleine Übung im Sitzen für zwischendurch und ein besonderer Merksatz:

Ich sitze ruhig und entspannt, lasse mich treiben in die Ruhe und werde schwer.........

Sobald mich irgend jemand stört oder das Telefon klingelt, bin ich sofort wieder ganz da.................

Ich atme tief und bewusst in meinen Bauch, spüre, wie ich mit jedem Atemzug immer ruhiger und ruhiger werde.....

Sobald mich irgend jemand stört oder das Telefon klingelt, bin ich erfrischt und munter........

Meine Augenlider, meine Arme und meine Beine werden schwer, immer schwerer und schwerer...............

Sobald ich gestört werde, bin ich wieder wach, meine Augenlider, meine Arme und meine Beine sind dann wieder leicht und locker, leicht und locker...........

Meine Arme, meine Beine und mein Bauch werden warm, immer wärmer und wärmer, wohlig warm..........

Sobald ich gestört werde, bin ich wieder wach, meine Arme und Beine sind dann voll neuer Kraft und Energie.............

Mein Herz schlägt ruhig, gleichmäßig, harmonisch und kräftig...............

Ich bin ruhig, vollkommen ruhig und genieße mich und die Ruhe in mir................

Irgendwann komme ich zum Ende dieser Übung, ich recke und strecke mich, atme tief und bewusst in meinen Bauch und bin fit und munter, voll neuer Kraft und Energie.......

„Der Geist ist eine Stätte für sich.
Er kann aus dem Himmel eine
Hölle und aus der Hölle einen
Himmel machen."

XIV Dalai Lama

8. Kapitel:

Der Kopf.

Für klare Gedanken brauche ich einen kühlen Kopf. Den
Unterschied sehe ich bei Fieber. Der fieberkranke Mensch
phantasiert, redet verwirrt und ist durcheinander. Deshalb
brauchen wir immer wieder einen kühlen Kopf und das ist
die folgende Übung. Sie machen sich einen kühlen Kopf
und sagen sich:

Ich liege ruhig, entspanne mich, schalte ab und beginne
mit meiner Übung..............
Ich werde nun ruhig, immer ruhiger und ruhiger.........
Ich atme tief in meinen Bauch und spüre, wie ich mit
jedem Atemzug ruhiger werde. Mein Atem fließt ruhig ein
und aus..............
Meine Augenlider werden schwer, meine Arme schwer,
mein Nacken schwer, mein Rücken schwer, meine Beine
schwer, immer schwerer und schwerer.........

Ich treibe in diese wunderbare Ruhe und werde immer
ruhiger und ruhiger.............
Meine Arme und meine Beine werden warm, mein Körper
wird warm, immer wärmer und wärmer.............
Ich genieße diese herrliche Ruhe in mir...........
Mein Sonnengeflecht entspannt sich, es wird warm, immer
wärmer und wärmer.....................
Ich fühle mich wohl........
Ich genieße die Ruhe, den Frieden und die Harmonie in
mir...........
Mein Herz schlägt ruhig, gleichmäßig, harmonisch und
kräftig............
Ich bin vollkommen ruhig und entspannt.........
Ich konzentriere mich auf mein Gesicht und stelle mir
mitten auf meiner Stirn einen Punkt vor. Dann denke ich
an einen kühlen, frischen Wind. Dieser frische, kühle Wind
streicht über meine Stirn. Es ist wie ein Prickeln oder ein
Kribbeln. Ich denke an Kühle und spüre Kühle auf meiner
Stirn...............
Wenn ich möchte, probiere ich die Kühle auch auf meiner
linken und rechten Wange aus, denke wieder an Kühle und
spüre Kühle...............
Ich spüre Kühle auf meinem Gesicht und ich lasse mich
treiben in meine Gedankenwelt:

Mein Gesicht, dahinter wohne ich.

An meinem Gesicht kann man sehen, wann ich Masken
aufsetze:
Eine verächtliche Maske für die unter mir.
Eine aalglatte Maske für die meinesgleichen.

Eine unterwürfige Maske für die über mir.
Eine sauer-süß-lächelnde Maske beim Verkaufen.
Eine gleichgültige Maske bei der Arbeit.
Eine verbissene Maske im Verkehr.
Eine verschlossene Maske zu Hause.

Mein Gesicht, dahinter wohne ich.
Mein Gesicht ist der Spiegel meines Inneren.
Verträgt mein Gesicht kein Lächeln, kein Lachen mehr,
dann ist dahinter etwas faul.
Ein kaltes Gesicht kommt von einem kalten Herzen.
Menschen mit sauren Gesichtern versauern sich und
anderen das Leben.

Mache Dein Gesicht froh!
Bringe aus Deinem tiefsten Herzen, aus Deinem tiefsten
Inneren, ein Lächeln hervor. Vielleicht überall. Bei der
Arbeit, zu Hause, bei Freunden, im Verkehr. Einfach so.
Kannst Du nicht lachen, kannst Du nicht leben.

Meine Gedanken treiben........
Welche Masken setze ich auf?
Möchte ich Masken aufsetzen?

Irgendwann komme ich zum Ende dieser Übung. Meine
Augenlider, meine Arme, meine Beine, mein Nacken und
mein Rücken werden wieder leicht, leicht und locker.....
Ich recke und strecke mich, atme tief in meinen Bauch und
bewahre mir:
Mein Gesicht ist der Spiegel meines Inneren.

So, das waren die Grundübungen des Autogenen Trainings.
Hier eine Zusammenfassung in kurzer Form:

Ruhe - ich bin ruhig.

Atmung - ich atme ruhig und gleichmäßig. Mein Atem fließt.

Schwere – meine Augenlider schwer, meine Arme und Beine schwer, mein Nacken und mein Rücken schwer.

Wärme – meine Arme und Beine warm.

Sonnengeflecht - mein Sonnengeflecht ist wohlig warm.

Herz - mein Herz schlägt ruhig, gleichmäßig, harmonisch und kräftig.

Kopf - meine Stirn ist angenehm kühl.

Recken und strecken, voller Kraft und Energie wieder im Hier und Jetzt.

Manche Übungen werden Ihnen gut gelingen, bei manchen vielleicht noch ein bisschen mehr üben. Denken Sie bitte auch daran, der Mensch ist keine Maschine. Manchmal muss ich auch ein bisschen Geduld mit mir und mit meinem Körper haben.

**„Nichts Dunkles und Düsteres
in meinem Körper, sondern herrliche
kraftvolle Farben in mir."**
                            Marianne Markert

9. Kapitel:

Die Farben.

Jede Farbe und jedes Bild löst im Menschen ein
Gefühlserlebnis aus.
Nach einem langen, dunklen Winter ist das erste Grün wie
ein Aufatmen. Starke Farben und kraftvolle Bilder stärken
uns. Auch Erinnerungsbilder an einen schönen Urlaub
oder an einen Tag, an dem wir sehr glücklich war, lassen
in uns schöne Gefühle erwachen.
Oder denken Sie an ein anderes Bild: Schwarz verbrannte
Erde, tote Bäume, grauer Himmel.
Spüren Sie auch eine leichte Gänsehaut?

Farben und Bilder können uns stimulieren, uns erfreuen,
uns stärken und uns gesunden lassen. Das Rotlicht bei
Entzündungen, aber auch das Blaulicht in der Medizin,
erzielen Wirkungen.

Farben haben eine sehr tiefe Bedeutung. Der Volksmund
hat viele, manchmal widersprüchliche Deutungen. Meine

jüngferliche Tante hatte einen herrlichen lila Hut, und jedesmal, wenn sie ihren Hut aufsetzte, ulkte jeder: „Der letzte Versuch."

Meine Farbdeutungen stützen sich auf die Arbeiten von J. W. v. Goethe, Professor M. Lüscher, Jolande Jacobi und eigene Erfahrungen aus meiner langjährigen Praxis.

Vielleicht einfach einmal ausprobieren und eigene Erfahrungen machen:

Übung:

Ich liege ruhig und entspannt, alles um mich herum verschwindet in einem dichten, weißen Nebel, meine Konzentration ist auf mich gerichtet und ich lasse mich treiben in die herrlich bunte Welt der Farben und Bilder.

Zuerst stelle ich mir die Farbe Rot vor, ein kräftiges, intensives Rot................
Vielleicht denke ich an eine rote Rose oder an roten Wein................
Dann stelle ich mir vor, dieses kraftvolle Rot strömt in meine Zehen, meine Zehen füllen sich mit diesem kraftvollen Rot, immer mehr Rot fließt nach. Meine Füße füllen sich mit Rot................
Das Rot breitet sich aus, Rot strömt in meine Unterschenkel und weiter kraftvolles Rot in meine Oberschenkel, kraftvolles Rot in meinen Unterleib.......
Das Rot strömt weiter in meinen Bauch, kraftvolles Rot in meinen Bauch, das Rot breitet sich immer mehr aus, in

meine Brust und in meinen Rücken, kraftvolles Rot in
meinen Oberarmen, Unterarmen, und bis in die
Fingerspitzen..............
Herrliches, kraftvolles Rot in meinem Körper.............
Vielleicht klappt es schon und vielleicht spüre ich auch
Wärme, die mit der Farbe Rot meinen Körper erfüllt?
Falls noch nicht, stelle ich mir einen Topf mit roter Farbe
vor, nehme einen großen Pinsel, tauche ihn in die rote
Farbe und male mich rot an. Innen und außen! Rot!
Kraftvolles Rot erfüllt mich und wirkt mit dem Symbolwert
in mir:

Rot -
Kraft und Stärke für mich,
aber ich habe auch Mut und Selbstvertrauen.

Weiter geht es zu meinem Kopf. Mein Kopf hat Türen und
Fenster, ich öffne die Türen und Fenster weit und lasse
einen frischen Wind durch meinen Kopf blasen. Dieser
frische Wind nimmt alle negativen Gedanken, alle
Grübeleien, allen Ärger, allen Hass und Stress mit........
Sobald ich das Gefühl habe, mein Kopf wird leicht und
frei, dann fülle ich meinen Kopf mit einem hellen,
lichterfülltem Gelb.
Ein helles, lichterfülltes Gelb, vielleicht stelle ich mir das
Gelb von Schlüsselblumen vor oder das Gelb der Sonne
auf Kinderbildern, ein lichterfülltes Gelb in meinem
Kopf.................
Und ich spüre, was mir diese Farbe gibt:

Gelb gibt mir:
Leichte Gedanken,

weite Gedanken
und freie Gedanken.

Ich bin nun ruhig und entspannt, stelle mir in meiner
Fantasie eine grüne Wiese vor, vielleicht eine bekannte
Wiese aus meiner Kinderzeit oder aus einem Urlaub. Ich
laufe über diese grüne Wiese, erlebe das herrliche Grün,
lasse das Grün in meinen Körper, spüre das Grün, es
erfüllt mich und durchströmt mich..............
Und ich spüre auch den Symbolwert der Farbe Grün in
mir wirken:

Grün, die Farbe der Natur,
auch ich ein Teil der Natur,
auch in mir die Kraft der Natur,
und das Wunder der Natur,
es geht immer wieder weiter,
es wird immer wieder Frühling...........

Weiter führt mich mein Weg zu einem See, tiefblau und
ruhig liegt der See vor mir. Ich lasse das Blau in mir
wirken, spüre, wie sich das tiefe Blau in mir ausbreitet und
erlebe in mir den Symbolwert der Farbe Blau:

Blau gibt mir Ruhe,
Zufriedenheit und Vertrauen.
Ich vertraue mir und ich kann mir trauen..............

An dem See steht eine Bank, ich setze mich auf diese Bank
und am Fuße der Bank sind Stiefmütterchen in einem
dunkelvioletten Farbton. Ich lasse dieses dunkle Violett in

mich hinein, lasse es in mir wirken und spüre, was mir dieses dunkle Violett gibt:

**Das dunkle Violett öffnet mich
für meinen Glauben,
meine Hoffnungen und meine Liebe..................**

Alles in mir ist angefüllt mit diesen herrlichen, kraftvollen Farben. Diese Farben geben mir soviel, sie wirken in mir und ich bejahe den Symbolwert dieser Farben in mir:

**Rot - Kraft und Stärke, Selbstvertrauen und Mut.
Gelb – weite, leicht und freie Gedanken.
Grün - die Kraft der Natur und das Wunder der Natur.
Blau – Ruhe, Zufriedenheit und Vertrauen.
Violett – mein Glaube, meine Hoffnungen und meine Liebe.**

Ich bewahre mir diese Farben, ganz tief in mir............. für morgen, übermorgen und die nächsten Tage..............

Langsam komme ich zum Ende dieser Übung, recke und strecke mich, atme tief in meinen Bauch ein und bin wieder erfrischt und munter, voll neuer Kraft und Energie...................

So, das war die Farbentspannung. Eine Form von Entspannung, die ich entwickelt habe und die mich immer wieder mit ihrem großen Erfolg bei Menschen überrascht. Vielleicht fällt es Ihnen am Anfang noch etwas schwer, sich die Farben vorzustellen. Manche Farben erscheinen kräftig, manche verwischt oder undeutlich. Mit der Zeit wird es Ihnen immer leichter fallen, vielleicht noch ein Tip: Holen Sie sich Tonpapier in diesen 5 Farben, betrachten Sie immer wieder die Farben und verinnerlichen Sie die Farben. Visualisieren heißt das Fachwort.

Warum diese Farbentspannung?

Der Mensch ist in seinem Inneren farbig (rotes Blut, gelbe Galle, weiße Knochen, grüne Lebersäfte) und von Außen ist er von einer farbigen Hülle umgeben. Durch eine besondere Form der Fotografie (Kirlian-Fotografie) wurde dies entdeckt. Sie können diese Hülle (Aura) auch spüren. Probieren Sie es aus:

Führen Sie Ihre Hände langsam aufeinander zu. Bei einem bestimmten Abstand spüren Sie einen Widerstand.
Sie nehmen Ihre Hände wieder etwas auseinander und wieder zusammen. Vielleicht wiederholen Sie diese Übung einige Male. Diesen Widerstand, den Sie spüren, das ist Ihre Aura.

Meine Gedanken dazu:
Bei den Grundübungen des Autogenen Trainings sagen wir unserem Körper, was er zu machen hat:
Ich sage: Ruhe und mein Körper wird ruhig.
Ich sage: Schwere und mein Körper wird schwer.
Ich sage: Wärme und mein Körper wird warm usw.

Bei meiner Farbentspannung machen wir genau das Gleiche: Ich stelle mir Rot vor und ich bejahe Stärke und

Kraft in mir. Ich stelle mir Gelb vor und ich mache meine
Gedanken weit, frei und leicht. Ich stelle mir Grün vor und
ich bejahe die Kräfte der Natur in mir. Immer wieder
gesund werden. Ich stelle mir Blau vor und ich habe Ruhe
und Vertrauen in mir. Ich stelle mir Violett vor und ich
habe meinen Glauben, meine Hoffnungen und meine
Liebe in mir.
Und vielleicht noch einmal zur Erinnerung:

**Nichts Dunkles und Düsteres in meinem Körper,
sondern herrliche kraftvolle Farben.**

Gedanken sind Kräfte, die Wirkung haben.

„Das Prinzip des Rhythmus,
alles fließt aus und ein,
alles hat seine Gezeiten,
alle Dinge steigen und fallen,
der unendliche Rhythmus des Lebens."
                                    Kybalion

10. Kapitel:

Der Baum.

Sooft höre ich in meiner Tätigkeit: „Frau Markert, warum
ist mein Leben so schwierig, warum erlebe ich immer so
fürchterliche Stürme, warum finde ich nicht den richtigen
Partner, warum habe ich sowenig Geld, warum zerrinnt
mir alles zwischen den Händen............?"

In keinem Erdenleben gibt es nur Sonnenschein und
Sommertage, sondern alles gehört zum Leben: Stürme,
Krankheit, Unglück.........
Aber was mache ich daraus?

Der Kreislauf des Lebens:
Es beginnt mit dem Frühling. Das Aufbrechen, das
Beginnen, der Acker wird bestellt, es wird gesät, der
Mensch muss Ideen entwickeln, aktiv werden und
beginnen.

Dann kommt der Sommer. Das Reifen und das erste Ernten. Wenn der Mensch viel gesät hat und viel begonnen hat, dann kann er jetzt viel ernten. Er kann schwelgen in seiner Fülle und genießen. Aber auch das Bewahren und Aufheben ist wichtig.

Im Herbst zeigt sich der Baum noch einmal in seiner ganzen Pracht. Die bunten Blätter zeigen seinen Stolz und seinen Reichtum. Doch schon rütteln die ersten Herbststürme an ihm, die letzten Früchte fallen zurück zur Erde, und selbst sein schönstes Herbstkleid wird von den Stürmen nicht verschont.

Der Winter gibt dem Menschen Zeit, sich zurückzuziehen, sich zu besinnen, nachzudenken, sich zu sammeln für das nächste Frühjahr, um dann, wenn der erste warme Frühlingswind durch seine Krone streicht, aufzubrechen zu einem neuen Kreislauf.

Der unendliche Kreislauf des Lebens.

Übung:

Ich liege ruhig und entspannt, alles um mich herum verschwindet in einem dicken, weißen Nebel, ich lasse mich jetzt treiben in die Ruhe, ich gönne mir jetzt Zeit für mich, ich bin mir jetzt wichtig und ich fülle mich mit den kraftvollen Farben:
Rot in meine Füße, meine Unterschenkel, meine Oberschenkel, meinen Unterleib, meinen Bauch, meine Brust und meine Arme bis in die Fingerspitzen.

Rot, ich bejahe in mir Kraft und Stärke, Selbstvertrauen und Mut..............
Dann lasse ich Gelb in meinen Kopf und mache meine Gedanken weit, frei und leicht.........
Nun fülle ich mich mit Grün, erlebe meine grüne Wiese und bejahe in mir die immer wiederkehrende Kraft der Natur....................
Dann komme ich zu meinem blauen See, spüre und erlebe Ruhe, Zufriedenheit und Vertrauen in mir.
Das dunkle Violett öffnet mich für Glaube - Liebe - Hoffnung.
Was glauben ich?
Was hoffe ich?
Was und wen liebe ich?

Diese herrlichen Farben durchströmen mich und wirken mit ihrem Symbolwert in mir............
Ich treibe, ich genieße, ich spüre in mir Frieden, Harmonie und Ruhe.................

Ich gehe weiter, stelle mir in meiner Fantasie eine grüne Wiese vor und ich laufe über diese grüne Wiese. Mitten auf der grünen Wiese steht ein Baum, es ist ein großer, hoher, stattlicher Baum, und ich schaue hinauf in seine Krone, sehe die starken Äste, die Zweige und die vielen Blätter. Ich spüre, dieser Baum gehört zu mir..............

Der Kreislauf beginnt und es ist Frühling. Ein warmer Frühlingstag, der Himmel leuchtet durch die ersten zarten grünen Blätter, die Knospen öffnen sich, mein Baum blüht, tausend von zartesten Blüten über mir, der süße Blütenduft erfüllt mich, Bienen summen. Mein Baum blüht.

Es wird immer wärmer und wärmer, es wird Sommer.
Vielleicht trägt mein Baum nun Früchte, große, saftige
Früchte und es ist so angenehm warm.
Mein Baum gibt mir gerne seine Früchte. Ich pflücke die
Früchte meines Baumes und sie schmecken mir.
Ich genieße die Früchte und ich mache mir bewusst, ich
ernte so viel, wie ich im Frühjahr gesät habe...........
Vielleicht bewahre ich mir auch einige Früchte auf, in
Kisten und Körbe, die Ernte meines Tuns.........

Doch da ein Wind, er rüttelt an den Zweigen, die letzten
Früchte fallen ins Gras, mein Baum zeigt ein neues Kleid.
Seine Blätter werden bunt, es wird Herbst...........
Gelbe, rote und braune Blätter, mein Baum zeigt mir noch
einmal seinen ganzen Reichtum und ich spüre, er ist stolz
auf sich, auf seine Leistungen................
Bin ich stolz auf mich und meine Leistungen?

Der Wind wird stärker und immer stärker, er rüttelt an
den Zweigen, immer mehr Blätter fallen, selbst das
allerletzte und allerschönste Blatt fällt herab zur Erde.......
Nun wird es Winter, die ersten Schneeflocken tanzen und
bedecken meinen Baum mit einem schneeweißen
Kleid............
Mein Baum steht einsam und verlassen, aber ich spüre, er
ruht in sich, tief in seinem Innersten hat er alle seine
Kräfte gesammelt.
Er ruht in sich................
Er denkt nach...............
Er besinnt sich...............
Er plant ....
Er überlegt...............

Und da, wie ein Ahnen, ein warmer Wind. Er erfüllt meinen Baum, der Schnee schmilzt, mein Baum reckt sich, erhebt sich, schüttelt den Rest Kälte von sich. Es wird wärmer und wärmer, es wird Frühling, ein neuer Kreislauf beginnt, der unendliche Kreislauf des Lebens..............

Das immer wiederkehrende Wunder der Natur........
Der unendliche Kreislauf des Lebens............
Nach jedem noch so harten Winter kommt wieder der Frühling.........
Nach jeder noch so langen Krankheit werde ich wieder gesund.........
Nach jeder noch so langen Krise kann ich irgendwann wieder lachen.............
Darin liegt so viel Kraft und immer neue Hoffnung. Der unendliche Kreislauf des Lebens für jeden Menschen.

Und ich lasse meine Gedanken treiben, mein Leben und der Kreislauf in meinem Leben.
Wie oft habe ich schon Frühlingstage erlebt, den ersten warmen Wind, die Frühlingssonne, das Aufbrechen der Natur in meinem Leben?
Vielleicht konnte ich auch schon die Früchte meiner Arbeit ernten, saftige, große Früchte. Vielleicht habe ich mir auch einiges aufgehoben in Kisten und Körben.
Auch die Herbststürme in meinem Leben und wie oft haben mich diese Herbststürme durch geschüttelt. Aber ich wusste immer ganz tief in mir, dass ich mich jedem Sturm stelle und ich jedem Sturm trotze.
Der Winter ist für mich eine wichtige Zeit, die ich immer wieder brauche, zum Besinnen, Zurückziehen, zum

Sammeln aller meiner Kräfte, und dann beim ersten Frühlingserwachen kann ich mich wieder recken und strecken für einen neuen Kreislauf und für neue Lebenstaten..............

Mein Baum - mein Leben im unendlichen Kreislauf des Lebens.
Und darin liegt das größte Wissen des Lebens und das Geheimnis der immer wiederkehrenden Hoffnungen: Nach einer noch so dunklen Nacht kommt wieder ein neuer Morgen. Ich weiß es.
Nach einer noch so langen Krise kann jeder wieder lachen. Ich weiß es.
Nach einem noch so langen, kalten Winter kommt wieder der erste warme Frühlingswind. Ich weiß es.

Der unendliche Kreislauf des Lebens.

Langsam komme ich nun zum Ende dieser Übung, bewahre mir aber tief in mir dieses Bild meines Baumes und werde immer wieder an meinen Baum denken. Und wenn ein gewaltiger Sturm mich um tobt, dann weiß ich, dass ich dem Sturm trotzen werde und mich dem Sturm entgegenstellen werde.........
Nun recke und strecke ich mich, atme tief in den Bauch und ich bin wieder im Hier und Jetzt, erfrischt und munter, voller Kraft und Energie..............

„Die Seele nährt sich von dem,
an dem sie sich freut."
Aurelius Augustinus

16. Kapitel:

Die Erholungslandschaft.

Viele Menschen haben einen geistigen Erholungsort, an
den sie sich zurückziehen, wenn sie neue Kraft schöpfen
wollen. Neue Kraft, um Probleme zu bewältigen oder neue
Ideen und Wege suchen.
Besonders Thomas Edison, der Erfinder der Glühbirne,
hatte immer wieder betont, dass er die Fülle seiner immer
neuen Ideen seinem Erholungsort verdanke.
Immer, wenn ein Problem unlösbar schien und er nicht
weiter kam, oder wenn er am Ende seiner Kraft war, begab
er sich an diesen geistigen Entspannungsort. Schon nach
wenigen Minuten war er wieder voll Kraft und neuem
Elan, meist hatte er auch die Lösung für ein Problem
gefunden. Heute wissen wir, dass er einen Weg gefunden
hatte, die enorme Kraft seines Unterbewusstseins zu
aktivieren und zu nutzen.
Um noch besser mit dieser ungeheuren Kraft in uns
umzugehen, ist der Erholungsort der richtige Platz. Dort
können Sie in Ruhe nachdenken, sich Gedanken um viele

Probleme machen, neue Kraft und Energie auftanken und vielleicht erfinden Sie auch etwas.

Meine Erholungslandschaft.

Ich liege ruhig und entspannt, fülle mich mit den herrlichen Farben: Rot, Gelb, Grün, Blau und Violett....... Dann schaue ich mich auf meiner grünen Wiese um und sehen ein großes Tor. Über diesem Tor hängt ein Schild und mit großen Buchstaben steht dort:

"MEINE ERHOLUNGSLANDSCHAFT"

Ich öffne das Tor und eine herrliche Landschaft breitet sich vor mir aus:
Wiesen, Wälder, Flüsse, Seen, Berge, Blumen ......

Ich laufe in diese Landschaft und ich schaue mich um. Wenn ich irgend etwas verändern möchte, verändere ich es. In meiner Tasche habe ich einen Zauberstab. Mit diesem Zauberstab brauche ich nur an etwas tippen und schon ist es so, wie ich möchte............

Wenn alles so ist, wie ich es mir vorstelle, dann suche ich mir den schönsten Platz in meiner Erholungslandschaft aus............
Dort mache ich es mir gemütlich, genieße den Frieden um mich herum, bin ruhig und entspannt.........
Falls ich noch irgend etwas verändern möchte, ich habe meinen Zauberstab und ich ändere meine Erholungslandschaft so lange, bis ich sagen kann:

Jetzt ist alles richtig!
Jetzt herrscht hier Ruhe!
Jetzt ist hier Harmonie und Frieden!

Diese Ruhe und diesen Frieden lasse ich nun tief in mich hinein, spüre und erlebe diesen Frieden und diese Ruhe in mir und werde immer ruhiger und ruhiger.................

Nun lasse ich meine Gedanken treiben und spüre, in dieser Ruhe kann ich ganz anders über Probleme nachdenken....
Und wenn ich jetzt möchte, denke ich jetzt an mein größtes Problem und lasse meine Gedanken treiben.........
Was ist im Augenblick mein größtes Problem?
Wie könnte eine Lösung aussehen?
Meine Gedanken treiben.........

Vielleicht gibt es irgendein Problem mit einem Menschen und ich stelle mir diesen Menschen hier in meiner Erholungslandschaft vor...........
Ich rede mit diesem Menschen............
Vielleicht können wir die Ursache der Unstimmigkeit entdecken, wir suchen zusammen nach einer Lösung und bestimmt werden wir auch eine Lösung finden.........

Irgendwann möchte ich mein Erholungslandschaft wieder verlassen, ich laufe zum Tor, aber ich schaue noch einmal zurück. Das Bild meiner Erholungslandschaft präge ich mir tief ein und auch den Frieden, die Ruhe und die Harmonie..............

*Dann verlasse ich meine Erholungslandschaft, schließe
das Tor gut zu und komme wieder zurück ins Hier und
Jetzt. Ich fühle mich erfrischt und munter, voller Kraft und
Energie, und ich komme zum Ende meiner Übung............
Ich bin wieder ganz im Hier und Jetzt.........*

Zwei Samenkörner.

Zwei Samenkörner lagen Seite an Seite in der fruchtbaren
Frühlingserde. Das eine Samenkorn träumte jeden Tag von
der Sonne..........
"Ich will einmal groß werden und der Sonne entgegen
wachsen. Aber ich will auch, daß meine Wurzeln tief in
die dunkle Erde hinein wachsen. Am allermeisten freue
ich mich darauf, wenn meine Sprossen durch die Erde
stoßen.
Denn dann will ich die Wärme der Sonne spüren, das helle
Licht in mich aufsaugen, dann will ich viele, viele
Regentropfen auf mir spüren, der Wind soll kräftig um
mich herum blasen und ich will wachsen bis zum Himmel
hinauf..........Ja, das will ich."
Und so wuchs es.
Das andere Samenkorn sagte:
„Ich habe Angst. Wenn ich meine Wurzeln in die Erde
aussende, weiß ich nicht, was mir alles begegnen wird.
Bestimmt sind da viele Steine und was dann? Gegen
Steine bin ich machtlos, da komme ich nicht weiter. Wenn
meine Sprossen durch die Erde über mir stoßen, können
auch wieder Steine da liegen, bestimmt wird die Sonne
mich blenden und Licht mag ich nicht. Ich will nicht
wachsen. Lieber bleibe ich hier.

Und so blieb es.

Und was will ich?
Will ich wachsen? Auch noch als Erwachsener?
Will ich mich den Anforderungen des Lebens stellen?
Auch wenn Steine auf meinem Weg liegen?

Oder will ich nichts mehr?
Möchte ich auf der Stelle stehen bleiben?

**Leben ist niemals Stillstand,
sondern immer Bewegung.**

„Alles ist zwiefach, alles hat zwei Pole,
alles hat sein Paar von Gegensätzlichkeiten,
gleich und ungleich ist dasselbe.
Extreme berühren sich.
Alle Wahrheiten sind nur halbe Wahrheiten,
alle Widersprüche können miteinander in Einklang
gebracht werden."

Kybalion

12. Kapitel:

Die Polarität.

Eine Teilnehmerin, die viele meiner Kurse besucht hatte,
sagte einmal zu mir: „Frau Markert, jetzt habe ich alle Ihre
Kurse besucht, jetzt müsste ich doch gesund, glücklich
und erfolgreich sein."

Ist das Leben so? Immer nur glücklich sein oder immer
nur gesund oder nur erfolgreich?

„Leben ist niemals Stillstand."

„Leben ist immer Bewegung."

Leben ist ein ständiges Hin und Her, Auf und Ab, Tag und
Nacht, Gesundheit und Krankheit, Sonne und Mond,

Glück und Unglück, Reichtum und Armut, Liebe und
Hass, Leben und Sterben..............
Unser Leben bewegt sich ununterbrochen zwischen zwei
Polen. Viele Außenumstände können den Menschen
prägen und leiten, aber die stärkste Kraft der Welt habe
ich in mir:

„Die Kraft meiner Gedanken."

Mit dieser Kraft kann ich arbeiten, kann die Pole
bestimmen und benennen, bejahen und auch ablehnen,
mich bewegen oder verwandeln.

**„Aus Liebe kann Hass werden, aus Hass kann aber
auch Liebe werden, durch mich."**

Die Polarität im Leben:

*Ich bin ruhig und entspannt, lasse mich treiben in diese
herrliche Ruhe, alles um mich herum ist ruhig und
friedlich, und auch in mir breitet sich immer mehr Ruhe
aus. Ruhe in mir...........*

*Ich liege ruhig und entspannt, fülle mich mit den
herrlichen Farben: Rot, Gelb, Grün, Blau und Violett.......
In meiner Fantasie stelle ich mir vor, ich stehe auf einem
hohen Berg, die unendliche Weite um mich herum, alles so
weit und frei. Ich lasse diese Weite in mir wirken, die
Weite in mir. Vor mir erscheint ein goldenes Schloss mit
einem hohen Turm und oben auf dem Turm eine Fahne.
Eine Treppe führt in das Schloss, ich steige die Stufen*

hinauf, betrete das Schloss und komme in einen Saal. Alles um mich herum funkelt und glänzt, und in der Mitte des Saales ist ein großer, runder Spiegel.
Ich stelle mich vor diesen Spiegel und sehe mich, wie ich im Augenblick bin, vielleicht ärgerlich oder ängstlich.......

Dann schaue ich mich um und sehen so viele Mäntel, Capes und Umhänge.................
Es sind besondere Umhänge, ich gehe näher heran und schaue sie mir genauer an. Jeder Umhang ist anders. Da ist ein Umhang, der ist über und über mit lachenden Gesichtern bedeckt, Gesichter der Freude, das muss der Umhang der Freude sein.................Ich schaue in diese lachenden, fröhlichen Gesichter, sehe die Freude auf diesen Gesichtern, und ich hülle mich in diesen Umhang ein. Er ist ganz leicht, und ich spüre, wie diese Freude auf mich übergeht. Mich durchströmt ein Gefühl der Freude, diese Gesichter voller Freude erfüllen mich. Die Freude ist in mir, und ich laufe hinüber zu dem runden Spiegel, sehe mein Spiegelbild in dem klaren Wasser, sehe und erlebe mich voller Freude ....

Ich laufe wieder zu den Umhängen, streife den Umhang der Freude ab und suche mir einen anderen Umhang aus. Vielleicht den Umhang des Streites. Dieser Umhang sieht schon so abstoßend aus, überall Stacheln, Dornen, Messerspitzen, Krallen...............

Ich hebe ihn hoch, aber er ist so schwer. Ich muss mich richtig anstrengen, ich stemme ihn hoch und lege ihn um meine Schultern. Fast sacke ich zusammen, so schwer ist dieser Umhang. Auch schmerzen die Stacheln, die Dornen ritzen mich, und ich schleppe mich zu meinem Spiegel. Es erschreckt mich zutiefst. Mein Gesicht ist verzogen, verhärtet, starr, verkrampft..........

Ich schleppe mich zurück und lasse diesen Umhang von mir abgleiten, zuerst einmal aufatmen. Erleichterung erfüllt mich, diesen Umhang möchte ich nicht mehr so schnell tragen.

Ein dunkelblauer Umhang fällt mir besonders auf, tiefblau ist dieser Umhang, und ich gehe näher heran und schaue ihn mir genauer an, dieses tiefe, dunkle Blau. Ich meine, ich kann richtig in diesen Umhang hineinschauen. Er öffnet sich für mich, er ist wie ein Tunnel. Ich versinke in diesem tiefen Blau, und ich sehe Zufriedenheit, spüre Zufriedenheit und erlebe Zufriedenheit in mir. Ich lege diesen Umhang um meine Schultern und spüre noch mehr, spüre, wie diese tiefe Zufriedenheit mich erfüllt........... Zufriedenheit in mir..............

Ich gehe hinüber zu meinem Spiegel und sehe mich. Mein Gesicht ist entspannt und ruhig, zufrieden und ausgeglichen...........

Ich laufe wieder zu den Umhängen, streife den Umhang der Zufriedenheit nur ungern ab, denn ein ganz besonderer Umhang zieht mich an. Er ist über und über mit goldenen Herzen bedeckt. Es muss der Umhang der Liebe sein. Vorsichtig hebe ich ihn hoch. Er ist so leicht, wie eine Feder so leicht. Dieser Umhang schwebt um mich herum, er umhüllt mich, und ich spüre ein tiefes Gefühl in mir, das Gefühl der Liebe, so leicht erfüllt es mich und macht mich froh, glücklich, freudig, liebevoll.............

Und ich laufe, ich schwebe hinüber zu dem Spiegel, es geht so herrlich leicht. Ich schwebe so leicht und sehe mein Spiegelbild. Mein Gesicht ist gelöst, entspannt, ruhig und voller Liebe. Liebe in mir. Und diesen Umhang lasse ich um, löse mich langsam von diesen Bildern, aber mache mir bewusst, dass es so einfach ist.
Manchmal nur den Umhang wechseln.

Und langsam komme ich zurück ins Hier und Jetzt. Meine Arme und Beine werden wieder leicht und locker. Ich atme tief in den Bauch, recke und strecke mich und komme zurück ins Hier und Jetzt.

„Jede Ursache hat ihre Wirkung, jede
Wirkung hat ihre Ursache, alles geschieht
gesetzmäßig, Zufall ist nur der Name
für ein unbekanntes Gesetz. Es gibt
viele Ebenen der Ursächlichkeit, aber
nichts entgeht dem Gesetz."

Kybalion

13. Kapitel:

Ursache und Wirkung.

„Frau Markert, ich möchte einfach glücklich sein,
zufrieden, ausgeglichen......."

„Wie sieht denn Ihr Glück aus?"

„Weiß ich nicht."

Oder:

„Ich will gesund werden."

„Was wollen Sie als Gesunder denn zuerst tun?"

„Ach, ich werde ja doch nicht gesund."

Dies sind oft geführte Dialoge in meiner Praxis.

Glück und Gesundheit ohne genaue Vorstellung davon zu haben, ist sehr schwierig. Bevor Glück, Gesundheit und Wünsche in Erfüllung gehen können, muss der Mensch genau wissen, was er überhaupt will. Je präziser die Zielvorstellung ist, um so sicherer und vollkommener wird auch die Erfüllung sein. Daher ist es auch so wichtig, ein realistisches und festumrissenes Bild der Wünsche und Ziele zu haben.
Ich lasse meine Kursteilnehmer ihre Wünsche malen oder auch als Collage herstellen. Sehr oft erkennt der Kursteilnehmer, dass zum glücklich sein und zur Gesundheit eine genaue Vorstellung gehört.
Ist das Glück ein neues Auto, sind es neue Freunde, ist es eine neue Hoffnung? Ist Gesundheit wieder tanzen, lachen, arbeiten?
Die bildhafte Vorstellung ist der erste Teil der Ursache, nun formulieren Sie noch einen kurzen Merksatz dazu:

z.B. Ich erkenne mein Glück.
    Oder?
Ich bin gesund.

Sie sprechen diesen Satz in Gedanken und sehen das Bild vor sich. Vielleicht erkennen Sie Ihr Glück. Oder Sie sehen sich, wie Sie wieder tanzen und lachen können.
Jetzt kommt noch das Gefühl dazu. Fühlen Sie tief in sich hinein, ja, das will ich, das ist es.
Nun ist Ihre Ursache fertig, in Wort, Bild und Gefühl. In der folgenden Übung wird diese Ursache verinnerlicht.

Wiederholen Sie diese Ursache mit der Übung jeden Tag
und Sie werden etwas erleben können:

„Tu etwas,
wovon Du Dein Leben
lang geträumt hast,
und Du wirst etwas erleben,
wovon Du Dir nichts hast
träumen lassen.“

Übung:
Ich liege ruhig und entspannt, ich werde immer ruhiger
und ruhiger, ich treibe in diese herrliche Ruhe und fülle
mich mit dem kraftvollen Rot - Gelb - Grün - Blau und
Violett............
Ich stelle mir in meiner Fantasie einen hohen Berg vor,
ich steige auf diesen Berg, ein bequemer Weg führt
hinauf........
Ich habe Kraft in mir und ich steige immer weiter und
weiter hinauf........
Dann habe ich die Spitze des Berges erreicht, um mich
herum die unendliche Weite, alles so weit und frei.....
Hier oben auf dem Berg stelle ich mir nun vor, ich werde
zu einem Gefäß, zu einem großen Gefäß, und ich möchte
mich füllen..............
Ich fülle mich mit Kraft und Energie, mit Weite und
Freiheit, und immer noch mehr Kraft und Energie
durchströmen und erfüllen mich.................
Mein Körper, mein Geist, meine Seele füllen sich immer
mehr und mehr mit Kraft und Energie........

*Mein ganzes Sein füllt sich mit dieser unendlichen Kraft
und Energie, immer mehr und mehr ......*

*Nun bin ich angefüllt mit viel Kraft und Energie und ganz
klar erscheint jetzt meine Ursache, ich sehe deutlich mein
Bild als Ursache..........*

*Ich lasse dieses Bild tief in mich hinein, mein ganzes Sein
nimmt dieses Bild auf, dieses Bild erfüllt mich, meine
Ursache ist jetzt in mir.............*

*Und in meinem Geist lasse ich meine Ursache wirken,
denke an den Merksatz, lasse die Worte in meinem Geist
wirken, spüre die Wirkung, die Worte wirken in mir, die
Worte erfüllen mich, mein Geist ist erfüllt von diesen
Worten...................*

*Und ich lasse mein Bild in meinem Körper schwingen,
spüre die Gefühle dazu, ein wohliges Gefühl durchströmt
mich, mein Bild schwingt in meinem Herzen, mein Bild
erfüllt mein Herz, meine Ursache fühlt sich in meinem
Herzen wohl..............*

*Mein ganzes Sein ist nun erfüllt mit meiner Ursache, mein
Körper, mein Geist, meine Seele sind erfüllt mit meiner
Ursache. Ich spüre tief in mir, genau das will ich, dies ist
die richtige Ursache für mich..............*

*Und ich spüre Kraft in mir, ich spüre eine ungeheure
Kraft in mir, und diese Kraft in mir ist stark..........*

*Ich weiß, ich schaffe es, jeden Tag werde ich meine
Ursache setzen, und ich weiß und ich glaube fest daran,
schon sehr bald werde ich die Wirkung erleben.........*

*Ich bin stark, und ich glaube fest daran, meine Ursache in
mir, mein ganzes Sein ist erfüllt mit dieser Ursache, und
ich glaube fest daran, und ich weiß, ich schaffe es!*

*Vielleicht möchte ich mich treiben lassen in eine kleine
Geschichte:*

Der Narr und das Glück.

Ein junger Mann fand, er habe zu wenig Glück im Leben,
und er beschloss, Gott aufzusuchen, um ihn zu bitten, das
zu ändern. Man sagte ihm, Gott wohne in der Tiefe eines
dunklen Waldes, und so machte er sich auf den Weg.

Am Waldrand traf er einen Wolf. „Junger Mann, wohin
gehst Du?" rief der Wolf.
„Zu Gott, damit er einen Glückspilz aus mir macht,"
antwortete der junge Mann.
„Wenn Du Gott siehst," sagte der Wolf, „frage ihn doch,
warum ich immer solchen Hunger habe."
„Mache ich," versprach der junge Mann und ging weiter.

Als er ein Stück durch den Wald gegangen war, kam er an
einem schönen Mädchen vorbei, daß traurig an einem Fluß
saß. Das Mädchen rief ihn zu sich: „Junger Mann, wohin
gehst Du?"
„Zu Gott, damit er einen Glückspilz aus mir macht,"
antwortete der junge Mann.
„Wenn Du ihn siehst, frage ihn doch bitte, warum ich
immer so unglücklich bin," bat das Mädchen.
„Ich frage ihn," sagte der junge Mann und ging weiter.

Nach einer Weile hörte er einen Baum, der in der Nähe
des Flusses stand, rufen: „Junger Mann, wohin gehst Du?"

„Zu Gott, damit er einen Glückspilz aus mir macht,"
antwortete der junge Mann.

„Wenn Du ihn siehst, frage ihn doch bitte, warum ich
immer so durstig bin, obwohl ich hier am Fluß stehe," bat
der Baum.

„Geht in Ordnung," sagte der junge Mann und ging weiter.

In der Mitte des Waldes traf der junge Mann Gott. „Gott,"
sagte er, „ich möchte, daß Du einen Glückspilz aus mir
machst. Mein ganzes Leben lang habe ich Pech gehabt.
Zur Abwechslung könnte ich etwas Glück gebrauchen."

„Gut," sagte Gott.

Bevor der junge Mann sich wieder auf den Weg machte,
stellte er Gott die Fragen der drei, die er unterwegs
getroffen hatte. Dann eilte er zurück, um sein neues Leben
zu beginnen. In seiner Aufregung lief er an dem Baum
vorbei, aber der rief ihn zurück: „Junger Mann, was ist mit
meiner Frage?"

„Ach ja, Gott sagte, Du bekommst nicht genug Wasser,
weil zwischen deinen Wurzeln und den Fluß ein
vergrabener Schatz liegt, aber ich kann mich jetzt nicht
länger mit ihr unterhalten. Ich bin jetzt ein Glückspilz und
habe es eilig."

Er rannte weiter, und als er an dem Mädchen vorbei kam,
rief es: „Junger Mann, was ist mit meiner Frage?"

„Ach ja," rief er im Laufen zurück, „Gott sagte, du bist so
unglücklich, weil Du so einsam bist. Er sagte, daß ein
gutaussehender junger Mann hier vorbei kommen würde
und ihr euch ineinander verliebt und glücklich leben
könntet bis ans Ende eurer Tage. Aber nun muss ich
schnell weiter, ich habe jetzt Glück, und mein neues
Leben wartet."

Als er aus dem Wald gelaufen kam, rief der Wolf ihm zu:
„Junger Mann, was ist mit meiner Frage?"
„Ach ja," antwortete der junge Mann, „Gott sagte, Du bist
so hungrig, weil Du nicht genug zu essen hast. Doch falls
der Narr weit genug kommt, und dir das auszurichten,
kannst Du ihn zum Mittagessen haben."

*Meine Gedanken treiben und ich frage mich nach meinem
Glück? Laufe ich auch an meinem Glück vorbei, weil ich
ständig auf der Suche nach dem ganz großen Glück bin?*

*Langsam komme ich zum Schluss meiner Übung, bewahre
mir ganz tief in meinem Herzen meine Ursache. Ich werde
diese Übung in den nächsten Tagen immer wieder zur
gleichen Zeit und in der gleichen Art und Weise
wiederholen..............*
*Ich stärke meine Glaubenskraft, verscheuche jeden
Zweifel, denn ich weiß ganz tief in mir:*
Ich schaffe es.
Meine Ursache wird Wirklichkeit.
Meine Ursache wird wirken!

*Und die nächsten Tage schon werde ich mich umsehen,
irgendwo werde ich schon die erste Wirkung erleben
können..............*
Meine Ursache wird wirken......
Ich glaube fest daran..............
*In diesem Bewusstsein komme ich zurück ins Hier und
Jetzt..............*
*Ich recke und strecke mich, atme tief in den Bauch und bin
erfrischt und munter..............*

„Alles ist jetzt,
jetzt ist alles."
Werner Sprenger

14. Kapitel:

Das Schiff.

Wieviele Träume träumen wir täglich?
Wieviele Dinge wollen wir noch tun?
Wieviele Hoffnungen machen wir uns von der Zukunft?
Wieviele Gelegenheiten lassen wir an uns vorbei?
Wieviele Augenblicke versäumen wir?
Und mit welcher Liebe pflegen wir Hass und Neid,
Eifersucht und alten Streit? Streit, der vielleicht schon
Jahre zurück liegt.

Die Vergangenheit ist bei manchen Menschen die
Gegenwart. Es werden Geschichten über Geschichten aus
der guten, alten Zeit erzählt.
Alles war früher besser. Die Menschen waren ruhiger und
menschlicher, die Natur natürlicher, das Wetter viel
besser, ...
Und andere Menschen haben Angst, Angst vor der
Zukunft. Sie sagen, die Zukunft kann gar nicht stattfinden,
die vielen Arbeitslosen, die Atomkraftwerke, die
verseuchte Natur, die unmöglichen Politiker..........

„Alles ist jetzt, jetzt ist alles." (Werner Sprenger)

Der Mensch lebt heute, hier und jetzt.
Alles hängt vom Jetzt ab, und die Zukunft kann nur
werden, wenn wir heute leben, heute, hier und jetzt.
Vielleicht stellen Sie sich einmal einige Fragen?

Lebe ich heute, hier und jetzt?
Erlebe ich wirklich jeden Augenblick?

Vielleicht stellen sich diejenigen diese Frage, die immer
so nervös, so gestresst, so unruhig, so ängstlich sind:
Leben Sie jeden Augenblick?
Wenn ja, wo sind Sie, wenn Sie schreien, schimpfen, sich
aufregen?
Sind Sie da im Jetzt und erleben diesen Augenblick,
oder lassen Sie sich mitreißen von Erwartungen,
Träumen, Hoffnungen, Erziehungen..... ......
So etwas tut man nicht! Was sagen die Leute dazu!
Ordnung muss sein! Ich bin halt so, meine Mutter hat das
auch so gemacht!

Alles Gedanken und Überlegungen, die den Tag grau
werden lassen. Jeden Tag neu anfangen. Den Tag
genießen mit allen seinen Freuden und Nöten und offen
bleiben für die schönen, unvorhersehbaren Augenblicke
des Lebens.

„Alles ist jetzt, jetzt ist alles."

Übung:

*Ich liege ruhig und entspannt, lasse mich treiben in die
Ruhe und fülle mich mit den Farben Rot, Gelb, Grün, Blau
und Violett ....*
*Ich schaue mich um auf meiner grünen Wiese und sehe
etwas weiter einen blauen See. Ich laufe zu diesem See, ein
Steg führt hinaus, und ich laufe diesem Steg entlang bis
vorne zu der Spitze des Steges...........*

*Ein großes Schiff kommt immer näher und näher, mein
Name steht vorne am Bug, es ist mein Schiff.........*
*Das Schiff hält, ich steige ein und schaue mich um. Dann
klettere ich nach oben auf die Kommandobrücke, da ist
das große Ruder und dort hängt eine Kapitänsmütze..........*
Ich setze sie auf, denn jetzt bin ich der Kapitän.......
*Ich nehme das Ruder fest in meine Hände, gebe Befehle
und mein Schiff fährt hinaus auf den See..........*
*Landschaften ziehen an mir vorbei, ich spüre einen
frischen Seewind auf meinem Gesicht...........*

*Mitten auf dem See lasse ich die Maschinen stoppen und
steige hinunter in den großen Bauch des Schiffes,
vielleicht ist es hier unten dunkel, aber ich mache mir
Licht..............*

*Zuerst wende ich mich der Hinterseite des Schiffes zu und
sehe meine Vergangenheit:*
*Höhepunkte und Tiefschläge in meinem Leben,
Krankheiten, Sorgen, Kummer, Enttäuschungen.............*
*aber bestimmt auch glückliche Stunden, Liebe, Freude,
Lachen, liebe Menschen...................*

Vielleicht möchte ich mir die eine oder andere Erinnerung
aufbewahren und ich schaue mich um. Überall stehen hier
Koffer oder Kisten und in diesen Koffer und Kisten
bewahre ich mir meine Erinnerungen, aber auch meine
Wünsche, meine Hoffnungen, meine Träume ......

Aber dann mache ich mir bewusst:
Die Vergangenheit ist vergangen.
Alles Vergangene, ist vergangen.
Und mit lauter Stimme gebe ich den Befehl: „Schotten
dicht!"
Riesige Eisentore rasseln herunter und meine
Vergangenheit ist vergangen............

Nun wende ich mich der Spitze des Schiffes zu, und hier
sehe ich meine Zukunft:
Vielleicht viele Wünsche für die Zukunft, Träume, Dinge,
die ich noch erleben möchte und die ich mir auch
bewahren möchte........
Vielleicht aber auch Angst vor der Zukunft, Angst vor
Krankheiten, Angst vor Krebs, Angst vor
Umweltproblemen, Angst vor dem Sterben............
Und wieder gebe ich den Befehl: „Schotten dicht!" Dicke
Stahltore rasseln herunter und alle Zukunftsangst fällt erst
einmal von mir ab...................

Dann schaue ich mich um, was ich habe:
Ich habe das Heute, Hier und Jetzt, der größte Schatz in
meinem Leben...............

Ich lasse meine Gedanken treiben und bewahre mir diesen
Schatz ganz tief in mir:

Alles ist jetzt, jetzt ist alles.
Die Vergangenheit ist vergangen.
Die Ankunft der Zukunft verschiebt sich bis zur
Gegenwart.
Alles ist jetzt, jetzt ist alles!
Vielleicht möchte ich irgendwann einmal die Schotten
wieder hoch ziehen, um mich an meinen Erinnerungen zu
freuen oder mir neue Träume für meine Zukunft zu
machen.
Vielleicht auch einmal wieder in einen alten Koffer zu
schauen und etwas klären...........

Irgendwann steige ich wieder hinauf zur
Kommandobrücke, fahre zurück zum Steg, halte das
Steuerrad fest in meinen Händen, denn ich bin der
Kapitän meines Lebens, ich halte mein Leben fest in
meinen Händen, heute, hier und jetzt.

Ich lasse mich noch ein bisschen in meinen Gedanken
treiben..............

Schlechte Tage gehen auch vorbei!

An schlechten Tagen muss ich Geduld haben, viel Geduld
mit mir selbst!
Geduld ist eine Tugend. Tugend macht tauglich. Vielleicht
taugt das Leben der Menschen so wenig, weil sie so wenig
Tugenden haben und vor allen Dingen so wenig Geduld.
Alles muss schnell gehen – immer schneller und schneller.
Alle Wünsche müssen in Erfüllung gehen, mit einem
Druck auf den Knopf. Aber das Leben ist keine Maschine,

die nur gute Tage produziert. Es gibt gute und schlechte Tage.
Gute Tage gehen vorbei! Das weiß ich!
Schlechte Tage gehen auch vorbei! Ganz sicher!
Geduld haben und manchmal ein Stück weit blind fliegen.

Wenn die Krise alles verfinstert hat, werden Kinder des Lichts die Sterne wieder anzünden.

Diesen Satz lasse ich tief in mir wirken und meine Gedanken treiben..........

Irgendwann komme ich zum Ende dieser Übung...........
Meine Arme und Beine werden wieder leicht und locker, ich recke und strecke mich, atme tief in den Bauch ein und bin erfrischt und munter, voller Kraft und Energie, ich bin der Kapitän meines Schiffes und ich bestimme den Kurs meines Schiffes.................

„Das All ist Geist, das Universum ist geistig."
Kybalion

15. Kapitel:

Der Phönix.

Aus der altägyptischen Sagenwelt ist der Phönix als ein prächtiger Vogel bekannt, der tausend Jahre lebte, bis er in einer Feuerbrunst umkam. Doch während sein Nest noch in Flammen stand, erfuhr der Phönix eine wundersame Verwandlung. Neu geboren und schöner als je zuvor erhob er sich aus den Flammen - um weitere tausend Jahre zu leben.
Auferstehen „wie der Phönix aus der Asche", ist ein Sprichwort geworden.
Jeder von uns kann Krisen und Niederlagen „positiv überwinden", sie sogar als Schritt zum Erfolg, zum besseren Leben einsetzen.
Selbstmitleid und auch das größte Mitleid der besten Freundin sind keine Hilfe, um aus einer Krise herauszukommen, das Wort sagt eigentlich schon den wirklichen Effekt:

Mitleid – mitleiden!

Das ist keine Hilfe, sondern nur, was das Wort ausdrückt: mitleiden.

Diese Art der Hilfe tut weder dem Betroffenen gut, noch ist sie aufbauend, und schon gar nicht kraftspendend.

Hilfen in der Krise:

1.) Achten Sie auf Ihren Körper. Der Körper ist zwar nur der kleinste Teil unseres Kraftpotentials, aber ein schönes Essen kann so viel Wohlbefinden hervorrufen.
Die Heilkraft der Natur wird immer noch unterschätzt.
Spazierengehen, frische Luft einatmen, in die Ferne schauen, an Blumen riechen, Tiere beobachten, sich vom Wind durchblasen lassen..............
Es gibt sehr viele Möglichkeiten, die Kräfte der Natur wieder in sich wirken zu lassen.

2.) Jammern - Wehklagen - Schluchzen - Stoßseufzen - Weinen...................
Tränen setzen schmerzlindernde Hormone im Körper frei.
Sich immer wieder vor Augen halten: Auch dieses wird vorübergehen.
Morgen ist wieder ein neuer Tag.
Das Leben ist Auf und Ab, Hin und Her.
Aber niemals Selbstmitleid!

3.) Jedes Problem trägt die Lösung in sich!
In der Krise ist dieser Ausdruck schwer zu verstehen, aber probieren Sie einfach einmal: Nachzudenken, zu überlegen, zu analysieren, zu ergründen und lösen Sie Ihr Problem schriftlich.

Eine meiner schönsten Übungen, die schon vielen
Menschen geholfen hat, ist „der goldene Lichterbogen":

Der goldene Lichterbogen.

*Ich liege ruhig und entspannt, fülle mich wieder mit den
herrlichen Farben Rot, Gelb, Grün, Blau, Violett.*
*Dann stelle ich mir vor, wie ich jetzt auf der grünen Wiese
liege und über mich und um mich herum einen goldenen
Lichterbogen ausbreite. Ein Lichterbogen, der mich
schützt vor allen Gefahren, Unfällen, Krankheiten,
Unglück, ...*
Der goldene Lichterbogen über mir.
*Ich kann diesem Lichterbogen noch eine Krone aufsetzen,
eine Krone ist ein ganz besonderer Gedanke: Vielleicht -
was ich mir für mein Leben wünsche?*
*Und ich gehe weiter, denke an meinen Partner und breite
über meinen Partner einen goldenen Lichterbogen, der ihn
schützen soll vor Gefahren, Unfällen, Krankheiten,
Unglück, ...*
Der goldene Lichterbogen über meinem Partner.
*Vielleicht setze ich auch diesem Lichterbogen eine Krone
auf, einen besonderen Gedanken der Liebe, ein
Wunsch..........*
*Und ich gehe weiter und denke an meine Kinder, stelle mir
meine Kinder vor und breite über jedes meiner Kinder
einen goldenen Lichterbogen, der sie schützen soll vor
Gefahren, Unfällen, Krankheiten, Unglück, ...*
*Der goldene Lichterbogen über meinen Kindern, und
vielleicht setze ich jedem Lichterbogen noch eine Krone*

97

auf: Einen besonderen Wunsch für den Weg durch das Leben.

Und ich gehe weiter und denke an mein Haus, mein Zimmer, meine Wohnung, in der ich lebe, und breite über dieses Haus auch einen goldenen Lichterbogen, der dieses Haus schützen soll vor allen Gefahren ....

Der goldene Lichterbogen über meinem Haus, und vielleicht setze ich diesem Lichterbogen auch eine Krone auf, vielleicht Frieden und Harmonie für dieses Haus..............

Ich gehe weiter und denke an mein Auto und mein Fahrrad, breite einen goldenen Lichterbogen über mein Auto aus, der mich schützen soll vor allen Gefahren, Unfällen, und setze diesem Lichterbogen auch eine Krone auf: Jede Fahrt soll mich sicher zum Ziel führen.

Der goldene Lichterbogen über meinem Auto.

Vielleicht breite ich noch einen Lichterbogen über meinen Arbeitsplatz, meine Freunde, meine Eltern, als Schutz und Hilfe...............

Dann breite ich einen ganz besonders schönen Lichterbogen über unsere Erde aus, als Schutz und Hilfe und setzt auch diesem Lichterbogen noch eine Krone auf einen ganz besonders schönen Gedanken für unsere Erde............

Der goldene Lichterbogen.

Irgendwann komme ich zum Schluss dieser Übung, bewahre mir aber tief in meinem Inneren den goldenen Lichterbogen. Ich recke und strecke mich, atme tief durch und bin erfrischt und munter.

Jedes Problem trägt die Lösung in sich!
Ein Teilnehmer einer meiner Kurse erzählte, wenn er ein
Problem hat, nimmt er sich ein Blatt Papier und einen
Stift, und beginnt das Problem nach den folgenden
Kriterien zu lösen.
Probieren Sie es einmal aus! Es hilft!

Zuerst immer:

1. Genaue Definition meines Problems:
   Als Beispiel nehmen wir: Ich bin krank!
2. Genaue Definition meines Zieles:
   Wie soll mein Ziel aussehen?
   In Worten: Ich bin gesund!
   Als Bild: Ich sehe mich Walzer tanzen.
   Als Gefühl: Ich fühle mich toll.
3. Genauer Weg zu meinem Ziel:
   Welchen Weg muss ich gehen?
   Arzt oder Heilpraktiker besuchen.
   Neue und alte Medizin erproben.
   Diät halten.
   Massage und Krankengymnastik
   Sanatorium
   Kur oder Urlaub
   Gesundheitsbücher lesen.
4. Erfüllung:
   Was tue ich für die Erfüllung?
   Fort mit allen negativen Gedanken!
   Fort mit aller Angst!
   Fort mit allem Zweifeln!
   Fort mit aller geistigen Blindheit!
5. Motivation:

Wie bringe ich mich in Schwung?
Viel Geduld!
Viel Glaube!
Viel Ruhe!
Viel Disziplin!
Viele neue Gedanken!
Viel Liebe!

6. Ziel erreicht - Problem gelöst.

7. Falls noch nicht, nochmals bei Punkt 1 beginnen.

„Man wird wieder aus
Himmel und Sternen
Bilder machen
und die Spinnweben
alter Märchen
auf offene Wunden legen."
Christian Morgenstern

16. Kapitel:

Mein Lebensteppich.

Viele Menschen möchten gerne so sein, wie andere
Menschen es gerne hätten, dass sie sein sollen. Und diese
Menschen machen alles, um von den Anderen geachtet
und geliebt zu werden. Sie geben sich auf, um nur für die
Anderen da zu sein.

Sind Sie ganz Sie selbst?

Die nächste Übung hilft Ihnen, sich immer mehr zu
erkennen und die Verantwortung für sich und für das
eigene Leben zu übernehmen.

Mein Leben.....mein Lebensteppich..............

*Ich liege ruhig und entspannt, und lasse mich treiben, fülle
mich mit den herrlich kraftvollen Farben, mit Rot, mit
Gelb, mit Grün, mit Blau und mit Violett.................
Meine Gedanken treiben ....
Ich stelle mir einen Webstuhl vor, vielleicht einen großen
oder einen kleinen Webstuhl, ich schaue ihn mir genau an,
die Kettfäden sind schon gespannt und der Webstuhl
symbolisiert nun mein Leben.......
Die Kettfäden symbolisieren das, was bei meiner Geburt
schon vorhanden war........meine Eltern, meine Familie,
welche Verhältnisse, welche Bedingungen, welche Talente,
welche Charakterstärken.................
Vielleicht lasse ich meine Gedanken treiben, welche
Kettfäden waren bei meiner Geburt schon vorhanden,
welche kamen dazu, auf welche bin ich besonders stolz,
gibt es Kettfäden, die mir besonders viel bedeuten...........
oder auch Kettfäden, die mir mein ganzes Leben lang
Schwierigkeiten bereiten, die mir immer wieder zu denken
geben, die mich vielleicht immer wieder bremsen oder mir
auf der Körperebene Schwierigkeiten bereiten..................*

*Dann begann mein Leben und das Schiffchen lief hin und
her, auf und ab,
wie das Leben, auf und ab, hin und her.................
Oft hat das Schiffchen sich auf seinem Weg durch das
Leben verheddert, verharkt, es haben sich Knoten
gebildet, oder das Schiffchen ist hinuntergefallen und was
dann..........?*

*Habe ich mich dann hängen lassen, habe ich mit mir
machen lassen, habe ich einfach alles geschehen lassen,
habe ich aufgegeben...............*
Und wer ist schuld, sicherlich die Anderen..............
*Oder behaupte ich einfach, das war und ist mein
Schicksal...........*
*Ich lasse mich treiben in meine Gedanken, mein
Leben..............*
Und ich mache mir bewusst:
Leben ist niemals Stillstand,
sondern Leben ist immer Bewegung.
Es geht immer weiter.
Es findet sich immer wieder eine Lösung.
*Nach jeder noch so langen und dunklen Nacht gibt es
wieder einen neuen Morgen..............*
Leben ist Bewegung, auf und ab, hin und her.............
*Das mache ich mir immer wieder bewusst, atme tief ein,
mache mich auf, gehe wieder an meine Aufgaben, löse die
Knoten, hebe das Schiffchen auf, spanne die Kettfäden
wieder und mache mir immer wieder bewusst:*

*Leben ist niemals Stillstand, sondern Leben ist immer
Bewegung, es geht immer weiter, es findet sich immer
wieder eine Lösung, nach jeder noch so langen und
dunklen Nacht gibt es wieder einen neuen
Morgen..............Leben ist Bewegung, auf und ab, hin und
her.............*
Dann lasse ich meine Gedanken weiter treiben...........
*Irgendwann soll dieser Teppich fertig werden, das wird
am Ende meines Lebens sein und wie soll dieser Teppich
dann aussehen?*

*Soll es ein wunderschöner Teppich sein, der mich
darstellt, mich und mein Leben? Etwas auf das ich gerne
schaue und zurückblicke.......................*
Oder wird es ein Zerrbild sein?
*Habe ich mein Leben gelebt, wie andere wollten, dass ich
es lebe?*
*Habe ich alles getan, damit andere glücklich werden und
wo ist mein Glück geblieben?*
Habe ich mich nur nach anderen gerichtet............
Ich lasse mich treiben, einfach treiben ....
Mein Leben ....
Mein Lebensteppich.......................
Ich lebe, ich webe und arbeite an meinem Teppich.
Ich lebe, ich webe und arbeite an meinem Leben.
*Vielleicht lasse ich meine Gedanken weiter treiben, was
will ich am Ende meines Lebens erreicht haben?*
*Einen wunderschönen Teppich, der mich und mein Leben
darstellt............*
*Ich kann diesen Teppich schon vor mir sehen, noch nicht
fertig, da ich ja noch lebe und noch eine Weile leben will,
aber ich sehe so deutlich diesen Teppich vor mir, sehe und
erlebe mich, ich bin ich und ich lebe mein Leben................*

*Irgendwann komme ich zum Ende dieser Übung, erlebe
mich erfrischt und erholt, lasse dieses Bild in mir wirken
und komme zurück ins Hier und Jetzt.........*

„Wenn dein Alltag dir arm erscheint,
klage ihn nicht an,
klage dich an und dein Herz an,
daß du nicht stark genug bist,
seine Reichtümer zu rufen."

R.M.Rilke

17. Kapitel:

Der alte Baum.

Manchmal sagen uns Geschichten mehr, als viele Worte.
Die folgende Geschichte ist einer meiner liebsten
Geschichten, da sie mir immer wieder hilft, wenn ich mich
verloren habe oder mir Kraft fehlt.

Die Geschichte vom alten Baum.

*„Hallo, du alter Baum! Was ist los mit dir? Du siehst so
traurig aus!"*
Der alte Baum schaut sich um: „Wer spricht da mit mir?"
knurrt er missmutig.
Eine helle Stimme antwortet ihm.
„Ich bin hier oben. Der kleine Stern genau über dir."
Der alte Baum schaut hinauf zum Himmel. Ja, da ist ein
kleiner Stern und er blinkt ihm zu.

„Erzähl doch mal, alter Baum, warum du so traurig aussiehst?"

„Ich kann nicht mehr und ich will nicht mehr", jammert der alte Baum, „ich habe so viel erlebt. Jetzt will ich nicht mehr. Jedes Jahr das Gleiche, ein einziger Trott. Das Frühjahr ist das Schlimmste. Das Erwachen und das Aufbrechen, das kostet soviel Kraft! Dann das Werden und das Reifen im Sommer, und erst die Stürme und das Loslassen im Herbst, oh je! Und dann das Zurückziehen und Ruhen im Winter. Jetzt habe ich genug. Jetzt will ich nicht mehr. Es reicht."

Der alte Baum seufzt und sackt noch ein bisschen tiefer in sich zusammen.

„Ich kann dich verstehen. Mir geht es manchmal genauso. Immer das gleiche, der ewige Trott, immer glänzen, immer blinken, immer dasselbe. Es reicht................ "

Die Stimme des Sternes wird so jammervoll und der alte Baum sackt immer mehr zusammen.

Doch da beginnt wieder der Stern:

„He du! Ich glaube, wir machen einen Fehler. Irgendwie verlieren wir uns. "

„Verlieren", fragt der alte Baum, „was gibt es an mir noch zu verlieren?"

„Doch, doch, wir verlieren uns. Wir verlieren unseren Glauben, unsere Hoffnungen...... ", der alte Baum unterbricht den Stern, „Hoffnungen, Hoffnungen sind Quatsch. Auf was ich in meinem Leben schon alles gehofft habe und was ist daraus geworden?"

„Naja. Das ist so. Das ist die Natur der Hoffnung. Sie kommt und geht und kommt und geht. Aber es gibt doch noch den Glauben und mein Glaube ist stark und fest. Das

wird mir jetzt so richtig bewusst. Mein Glaube hat mir immer geholfen.“

„Stimmt, Glaube ist gut! Glaube versetzt Berge.“

„Aber es muss doch noch mehr geben. Was ist das Allergrößte?“

„Ja, was könnte das sein?“

Da ruft der kleine Stern ganz aufgeregt:

„Oh, schau doch, was jetzt passiert.“

Und da, da kommt eine gewaltige Energie auf den Baum zu. Diese Energie ist so stark und gewaltig. Sie zieht eine Spirale um ihn herum, sie gleitet immer mehr zur seiner Mitte, sie trifft genau die Mitte des Baumes und genau in der Mitte des Baumes füllt sie das Herz des Baumes. Er spürt diese Energie tief in seinem Herzen. Diese Energie durchströmt ihn und er spürt, diese Energie gibt ihm soviel und macht ihn stark. Er beginnt sich zu recken und zu strecken. Diese Energie erfüllt ihn, er beginnt zu strahlen und eine neue Botschaft erfüllt und durchströmt ihn ....

Der Baum strahlt: „Oh, du tust mir so gut. Bleibe bei mir.“ Und er spürt, wie er mit dieser Energie bis in seine kleinsten Wurzeln durchströmt und erfüllt wird, bis in das kleinste Ästchen spürt er diese Energie. Sie durchströmt und erfüllt ihn und er fühlt sich so leicht und frei, so friedlich, so wohl.................

Dann zieht diese Energie weiter und sie nimmt alles Dunkle und Schwere mit sich. Einfach so! Sie nimmt alles Bedrückende und Belastende mit sich.

Der alte Baum schaut hinauf zu dem kleinen Stern und nun beginnt auch der kleine Stern zu blinken und zu strahlen.

Der alte Baum ruft dem kleinen Stern zu: „Ja, das ist das Allergrößte! Aber was ist das?"

Der kleine Stern kann nur noch strahlen: *„Das, das ist die Liebe!"*

„Ja", brummelt der alte Baum vor sich hin, „und nun kann es weiter gehen, zu einem neuen Anfang, zu einem neuen Beginn, zu einem neuen Kreislauf.........."

„Mach langsam,
  wenn es eilt.“
    Marianne Markert

18. Kapitel:

Ich habe Zeit.

Wie gehen Sie mit Ihrer Zeit um? Haben Sie Zeit oder ist
Ihr meist gebrauchter Satz: „Ich bin immer nur im Stress.“
Zeit ist eine sehr einfach zu beeinflussende Energie.
Probieren sie es aus und machen Sie sich immer wieder
mit einem Merksätzchen bewusst:

„Ich habe Zeit für mich.
Ich bin rechtzeitig.
Ich habe Zeit für dich.
Ich habe Zeit für meine Mitmenschen.
Ich habe Zeit für Dinge, die mir wichtig sind.“

Vielleicht hilft Ihnen auch die folgende Geschichte:

Die Geschichte von der Zeit.

*Es war einmal eine Frau, die sich durch nichts von
anderen Menschen unterschied. Eines Tages aber sprach*

*sie ein Unbekannter an und fragte, ob sie Zeitgutscheine
wolle. Weil die Frau bei dem Wort Gutscheine immer
aufhorchte, nickte sie und schon hatte sie ein Bündel
verschiedener großer Scheine in ihrer Hand. Das sollen
Zeitgutscheine sein? Sie sahen aus wie Banknoten.*

*„Deine Lebenszeit," erklärte der geheimnisvolle Fremde
kurz. „Wenn Du alle Gutscheine investiert hast, ist es Zeit
zu sterben."*

*Bevor die überraschte Frau eine Frage stellen konnte, war
der Unbekannte verschwunden. Neugierig und erstaunt
blätterte die Alleingelassene in dem Bündel. Zuerst kam
ihr der Gedanke, die genaue Dauer ihres Lebens zu
berechnen, und ihr schauderte, als sie die Zahl der Jahre
und Tage vor sich hatte. Dann begann sie, sich eine
Einteilung zu überlegen, und machte kleine Stöße
entsprechend ihren Absichten. Zwar wollte sie für
Kinobesuche und Fernsehen eine große Zahl von
Stundenscheinen bereitlegen, musste aber zu ihrem
Bedauern bald feststellen, dass allein durch Essen und
Schlafen eine unglaubliche Menge von vornherein
gebunden war.*

*Tagelang war sie damit beschäftigt, ihre Zuwendungen an
Lebenszeit immer wieder neu zusammenzustellen, um sie
bestmöglich zu nutzen. Jedesmal, wenn jemand sie dabei
störte oder gar etwas von ihr wollte, sah sie im Geiste
einen ihrer kostbaren Scheine verlorengehen und sagte
nein, ihre Zeit hätte sie nicht zu verschenken!*

*So wachte sie geizig über die Gutscheine. Als ihr endlich
eine perfekte Einteilung der Stunden, Tage und Jahre
gelungen zu sein schien, erschrak sie über sich. Sie fragte
sich, was aus ihr und ihrem Leben geworden ist?*

Nur noch rechnen, nur noch aufpassen, nur noch einteilen,
nur noch haben und besitzen wollen............
Wo war ihr Leben geblieben?
Wo war die Liebe und das Lachen geblieben?
Wo war das Miteinander und das Füreinander geblieben?
Die Frau wollte ihr Leben so nicht leben und sie warf alle
Zeitgutscheine weit fort und begann ihr Leben zu
leben................
Und mein Leben? Ich lasse mich treiben und mache mir
Gedanken zu meinem Leben:

Wie gehe ich mit Zeit um?
Wie gehe ich mit meiner Zeit um?
Für was habe ich Zeit?
Für wen habe ich Zeit?
Habe ich für mich Zeit?
Heißt es bei mir ständig: keine Zeit!
Oder habe ich immer Zeit?
Zeit für mich und für dich!
Zeit für die schönen und unvorhersehbaren Augenblicke!
Meine Zeit und mein Leben!
Ich habe Zeit!
Gedanken durchströmen und erfüllen mich.

„Wer immer nur nach dem Zweck
der Dinge fragt, wird ihre Schönheit
nie entdecken."

Halldor Laxness

19. Kapitel:

Meine Weihnachtsgeschichte.

Dies ist eine kleine Entspannungsgeschichte, die ich vor
vielen Jahren für meine Kursteilnehmer geschrieben habe
und die sogar in unserer Zeitung veröffentlicht wurde.
Vielleicht gefällt Sie Ihnen:

*Ich liege ruhig und entspannt auf meiner Matte und lasse
mich treiben, einfach einmal treiben........*
*Meine Gedanken treiben und ich stelle mir in meiner
Fantasie vor, ich bummle über einen Weihnachtsmarkt.*
*Die Düfte des Weihnachtsmarktes steigen mir in die Nase,
der Lebkuchenduft, gebrannte Mandeln, knusprige Würste
vom Grill.......*
*Ich schlendere herum und bewundere die vielen bunten
Buden. Alles ist so liebevoll geschmückt, mit Strohsternen
und brennenden Kerzen........Mitten auf dem
Weihnachtsmarkt haben sich jetzt Kinder
zusammengefunden und sie beginnen Weihnachtslieder zu*

singen......Da, einige Schneeflocken tanzen vom
Himmel.............

Ich laufe weiter, immer weiter durch die Gassen, hinaus
aus der Stadt. Mein Weg ist verschneit, aber voller Freude
stapfe ich durch den Schnee, der Himmel über mir, die
Sterne funkeln und glitzern und ich komme in den
verschneiten Wald. Alles um mich herum ist so still, so
ruhig, so friedlich und ich stapfe durch den verschneiten
Wald.....

Zwischen den verschneiten Bäumen blitzt ein Licht, ich
marschiere näher. Mitten hier im Wald steht eine Hütte,
Rauch steigt aus dem Kamin, ich kann die Tür öffnen und
eine mollige Wärme empfängt mich. Ein Kaminfeuer
knistert und ich genieße diese mollige Wärme. Ein Sessel
steht vor dem Kamin und ich nehme in diesem Sessel
Platz, mache es mir so richtig gemütlich und fühle mich
wohl. Ein Glas mit warmen Punsch duftet so verlockend
und ich probiere von den leckeren Plätzchen..........

Doch da entdecke ich ein riesiges Geschenkpaket, ein
Schildchen hängt an dem Paket und auf dem Schildchen
steht: „Fröhliche Weihnachten für Dich. "

Ich freue mich über dieses Geschenk und beginne es
auszupacken. Soviel Seidenpapier, es raschelt und da, da
ist mein Geschenk, etwas was ich mir schon lange
gewünscht habe, ein Geschenk für mich, nur für
mich......Doch auf dem Boden des Paketes, da ist doch
noch etwas.

Ich schaue genauer und entdecke goldene Buchstaben. Ich
sammle die Buchstaben zusammen, breite sie vor mir auf
dem Tisch aus, da gibt es ein R, ein D, ein N, zwei E`, ein
F, ein I, was könnte das nur bedeuten. Ich versuche einige

*Möglichkeiten, doch jetzt , das könnte die Lösung sein, vor
mir liegt das Wort – Frieden, Frieden........*
*Der tiefe Sinn des Weihnachtsfest ist Frieden, Frieden für
mich, Frieden für meine Familie, Frieden für alle
Menschen.......*
Meine Gedanken erfüllen und durchströmen mich..........
*Ich komme langsam zum Ende und freue mich auf ein
friedliches, schönes Weihnachtsfest...............*

„Manche Menschen haben
immer einen plausiblen Grund,
warum sie nicht so recht
im Leben vorankommen."
        Marianne Markert.

20. Kapitel:

Ich bin reich und werde immer reicher.

Wer glaubt, Reichtum habe etwas mit Geld zu tun, macht
einen großen Fehler. Reich sein kann ich auf vielen
Gebieten: kinderreich (kann ein ganz besonderer Reichtum
sein), steinreich, ideenreich (bringt oft Geld ins Haus),
erfolgreich, segensreich, arbeitsreich...............

Lassen Sie sich einmal treiben in Ihre Gedankenwelt und
fragen Sie sich:

Sind Sie reich, weil Sie Geld haben?
Oder haben Sie Geld, weil Sie reich sind?
Oder haben Sie zuwenig Geld, weil Sie arm sind?

Kein Mensch ist arm, weil er zuwenig Geld hat.

Erinnern sie sich noch an den Anfang dieses Buches, Gedanken sind Kräfte die Wirkung haben. Denken Sie über ihre Einstellung zu Geld nach und machen Sie sich immer wieder ein positives Geldsätzchen.

Vielleicht lassen Sie sich treiben in eine kleine Geschichte.

Himmel und Hölle.

Eine alte weise Frau wurde einmal gefragt, wie könnte man Menschen die Hölle und den Himmel erklären. „Oh, das ist einfach. Kommt mit, das werde ich euch zeigen", erwiderte sie und führte die Fragenden in ein Haus. Eine Familie saß um den Esstisch, aber alle sahen unglücklich, verhungert und vergrämt aus. Die Kinder quengelten und die Eltern stritten. Mitten auf dem Tisch stand eine große dampfende Suppenschüssel, alle wollten auch essen, aber es ging nicht. Sie hatten zwar alle einen Löffel in der Hand, aber die Stiele der Löffel waren so lang, das sie mit diesen Löffeln ihren Mund nicht erreichen konnten. „Das ist die Hölle", sagte die alte weise Frau.
Dann ging sie mit den Fragenden in ein anderes Haus. Auch hier saßen eine Familie um einen Esstisch, aber alle sahen froh und glücklich aus. Sie hatten zwar auch die langen Löffel, aber sie hatten gelernt, sich gegenseitig zu füttern. „Und das ist der Himmel", sagte die alte weise Frau.

„Geschlecht ist in allem,
alles hat männliche
und weibliche Prinzipien,
Geschlecht offenbart sich
auf allen Ebenen."
Kybalion

21. Kapitel:

Kybalion

Hermes Trismegistos, den alten Ägyptern bekannt unter
dem Namen „Vater des alten Wissen" oder „der Meister
aller Meister", soll als Weiser ca. 3.000 v. Chr. gelebt
haben. Sein Hauptwerk war die Wahrheit der sieben
hermetischen Prinzipien, zusammengefasst als Kybalion,
und beinhaltet die Grundlage des hermetischen Denkens.
Aus diesen sieben hermetischen Prinzipien können alle
Lebensvorgänge und -abläufe erklärt werden, der
suchende Mensch findet Antworten, Erklärungen und
Lösungen für seine Lebensfragen.
Die siebte hermetische Wahrheit ist das Prinzip des
Geschlechts. Es offenbart sich in allem als das männliche
und weibliche Prinzip, auf allen Ebenen unseres Lebens.
Bitte verwechseln Sie aber nicht Geschlecht mit
Geschlechtlichkeit (Sex), denn Geschlecht hat einen viel
tieferen Sinn. Geschlecht aus dem Lateinischen genere -

genus heißt soviel wie „zeugen, erzeugen, erschaffen, hervorbringen".

In jedem Menschen ist alles, jeder Mensch hat weibliche und männliche Prinzipien, und jeder Mensch kann damit arbeiten. Auch ich als Frau brauche oft die männlichen Prinzipien in mir, um meinen Weg erfolgreich gehen zu können, und auch meine weiblichen Prinzipien sind mir oft eine Hilfe.

Sind wir nicht manchmal ein Clown? Oder warum nicht manchmal den Clown spielen? Unsere Welt ist so vernünftig, realistisch und so genormt. Der Clown lässt mich heraus aus der Enge meiner Umwelt. Er heilt durch seine Späße den Kummer vieler Menschen und wird immer geliebt.

Können Sie sich noch an den Anfang erinnern?

Dann endlich, zögernd und unbeholfen, versuchte ich das Leben zu lieben, da umarmte es mich mit überwältigender Freude.

Vielleicht hat Ihnen dieses Buch Spaß gemacht und einige Anregungen gegeben. Falls manche Tage doch nicht so voll überwältigender Freude sind, spielen Sie doch einmal den Clown, der auch seinen Kummer hat, und dennoch für die Kinder spielt und lacht, und so seinen Kummer heilt.

Der Clown.

Ich liege ruhig und entspannt, fülle mich wieder mit den herrlichen Farben Rot, Gelb, Grün, Blau und Violett.....
Ich schaue mich auf meiner grünen Wiese um und sehe ein großes Theater.....Ich bin neugierig, gehe hinein und komme in eine große Halle, viele Bilder hängen an den Wänden, eine Königin, eine Hexe und ein Clown..........
Dieses Bild zieht mich sofort an. Das lustige Clowngesicht, so möchte ich auch einmal sein. Ich gehe weiter und komme in eine Garderobe mit vielen Kostümen..........
Ich suche mir ein Clownkostüm heraus, vielleicht nehme ich ein geringeltes Hemd, eine riesige Hose mit Hosenträgern, riesige Schuhe, irgendwie passt mir alles.....dann setze ich mich an einen Schminktisch, vor mir eine Perücke mit roten Haaren, ohhhhh wie schöööööön, aber jetzt die Malstifte, schon die ersten Striche in meinem Gesicht verändern mich....
Ich schaue in den Spiegel und bin überrascht, ein Clown!
Ich bin ein Clown, ein richtiger Clown...............
Aber ein Clown braucht ein Publikum, und ich lausche, ja, das müssen Kinderstimmen sein. Ich gehe einen langen Gang entlang und komme auf die Bühne, der Vorhang ist noch geschlossen, aber ich höre die Kinder rufen: "Clown, komm heraus!"
Der Vorhang geht auf, vor mir die vielen Kinder, die mich mit erwartungsvollen Augen anschauen, und ich beginne mit meiner Schau, ich hüpfe, ich tanze, die Kinder lachen und freuen sich..........
Ich mache Fratzen, ich hopse, ich spiele auf meiner Minigeige, die Kinder grölen, die Kinder kreischen vor

*Vergnügen und ich trete an den Rand der Bühne, verbeuge
mich und bin froh, wie alle diese lachenden Kinder. Die
Kinder lachen und lachen, und ich bin glücklich, so vielen
Kindern dieses Lachen geschenkt zu haben.................*

*Vielleicht auch für mich, wenn ich einmal sehr traurig bin,
denke ich an den Clown, der im tiefsten Herzen auch
seinen Kummer hat und dennoch für die Kinder spielt und
lacht, und so seinen Kummer heilt - das Lachen der
Kinder vertreibt seine Tränen ....*

Der Clown verabschiedet sich.

Auch ich möchte mich von Ihnen verabschieden. Ich
hoffe, mein Buch hat Ihnen Freude bereitet, vielleicht hat
es Ihnen auch ein bisschen weitergeholfen und
Anregungen gegeben.

Über Post und Besucher freue ich mich, vielleicht hätten
Sie auch Interesse an einem meiner Seminare. Ich schicke
Ihnen gerne nähere Auskünfte,

Ihre
Marianne Markert.

Am Haldenacker 12
78337 ÖHNINGEN
Tel.: 07735/2724

Meine Geschichten:

Die Vögel, es sind Kraniche, sind das Symbol meiner Tätigkeit geworden und dazu gibt es auch eine Geschichte:

Kraniche suchen sich sehr bald ihren Lebenspartner und bleiben ihr ganzes Leben mit ihm zusammen.

Meine Vögel........

Da stand er mit seinen krummen Beinen und seinem schiefen Schnabel. Sein Gefieder war schrecklich zerzaust und mit sehnsuchtsvollen Augen schaute er hinüber zu den anderen Kranichen. Die stelzten, hüpften, pusterten sich auf und jeder wollten größer und schöner sein.
Und alles nur, um ihr, einem besonders schönen Kranichmädchen zu imponieren. Sie war aber auch eine Schönheit.

Da entstand eine Lücke in dem Trubel, er ergriff seine Chance, näherte sich ihr und mit all seinem Mut fragte er die Schöne: „Glaubst du, dass Ehen im Himmel geschlossen werden?"
Verdutzt schaute sie ihn an: „Doch, ja, das könnte sein."
„Es ist so!" erwiderte er. „Weißt du, bei jedem Kranichjungen, daß aus seinem Ei schlüpft, verkündet der Herr im Himmel, welches Kranichmädchen er einmal heiraten wird. Als ich aus meinem Ei schlüpfte, wurde mir meine zukünftige Braut gezeigt und der Herr fügte hinzu: Aber deine Frau wird krumme Beine und einen schiefen Schnabel haben. – Zuerst war ich entsetzt, aber dann rief ich aus: Oh, Herr, gib mir die krummen Beine und den schiefen Schnabel, aber lass sie schön sein."
Die Schöne blickte ihn lange nachdenklich an und wurde später seine Frau.

Dies ist eine kleine Geschichte zu meinen Vögeln, aber es sind noch viel mehr Symbole in ihnen erhalten:
Die Polarität des Lebens, Gegenseitig für einander dasein, den Kummer des Anderen mit tragen, auch dem Schwachen helfen, mit einander leben, anderen helfen, das Auf und Ab des Lebens....................

Marianne Markert,

Jahrgang 1954, nach Krankenschwesternausbildung, Psychologie – und Heilpraktikerstudium, Buchautorin, ist jetzt die Leiterin der Lehrstätte für Autogenes Training. Bekannt wurde Frau Markert durch viele Kurse an Volkshochschulen, Universitäten, bei Krankenkassen und in der Industrie.
Mit ihrer großen Familie lebt sie in Öhningen am Bodensee.

Bruno Morath,

ein sehr bekannter Künstler aus Singen, gestaltete das Titelbild. Er verwendete für sein Werk die Vogelsymbole der Lehrstätte Markert und interpretierte sie neu aus seiner künstlerischen Sicht.

Im Insel-Welt Verlag sind folgende Bücher von Marianne Markert erschienen:

Wer wohnt in diesem Häuschen hier?
Ein bisschen Autogenes Training als Geschichte für Kleinkinder ab 2 Jahren geschrieben und mit wunderschönen bunten Bildern illustriert.
ISBN 3-933-120-03-9 29,90 DM und als Kassette 15.00 DM besprochen von Marianne Markert.

Autogenes Training für Dich.
Autogenes Training für Kinder von 4 –12 Jahren. Mit einer Anleitung zum Selberlesen oder Mitmachen und vielen Geschichten
ISBN 3-933-120-07-1 15,00 DM und als CD 25,00 DM besprochen von Marianne Markert.

Autogenes Training und Mentaltraining für Jugendliche.
Dieses Buch ist eine Anleitung für Jugendliche zur Selbsthilfe.
ISBN 3-933-120-09-8 18,00 DM.

„Der Regenstab verzaubert....“
12 Entspannungsgeschichten für kleine, große und
erwachsene Kinder.
ISBN 3-933-120-00-4   19,95 DM.

Im Land der tausend Steine.
Geschichten, Spiele und viele Ideen mit Steinen.
Mit Spielanleitungen von Frau Gerda Arldt.
ISBN 3-933120-13-6   12.00 DM.

Spiele und Geschichten mit dem Regenstab.
Geschichten, Spiele und viele Ideen mit Regenstäben.
Mit Spielanleitungen von Frau Gerda Arldt.
ISBN 3-933120-12-8   12.00 DM.

Die Bücher sind erhältlich:

Im Buchhandel oder direkt bei
Frau Marianne Markert
Am Haldenacker 12
78337 Öhningen
Tel. 07735/2724
Fax 07735/938248